脳の取扱説明書

ストレスや不安に打ち勝つ最強のメンタルをつくる

井上慎介

エムディエヌコーポレーション

はじめに

「あなたの悩みはなんですか？」こう質問されたら、あなたはどう答えますか？　多分「私の悩みは〇〇です」と答えるでしょう。しかし、この質問と答えこそがあなたの問題を強固なものにしてしまっているのです。さらに、この質問をするセラピストが世の中の大半であるという事実に、大多数の方は気が付いていないのです。

私が行っているセラピーでは、いかにしてクライアントさんの問題を解決するか。それに特化しています。だから僕は3,000人を超える方の問題に寄り添ってくることができました。

本書では、NLPの考え方やテクニックスキルだけではなく、私が寄り添ってきた方々の問題解決の事例を交えながら「限りなく日本で一番優しいNLPの本」として世に送り出したいと思っています。

NLPとは、人間の心に寄り添い、悩みを解消したり、願望を実現したり、コミュニケーションを円滑にすることを目的として作られました。

最後までお読みいただければ、過去に発行されているＮＬＰ関連の書籍を読んでもなかなか解らなかった「ＮＬＰをどうやって自分に対して実践すれば良いのか？」この問題を解決に導いていきますので、ワクワクしながらお読みいただければ幸甚です。

私がＮＬＰをはじめたきっかけ

私がＮＬＰを始めたきっかけは、必要に迫られたからです。重度のうつ病患者である妻とのコミュニケーションに悩んでいるときに、偶然にもＮＬＰと出会えたのです。

それは今から10年位前のことです。私の友人のkobaryuが、当時流行っていた『2ちゃんねる』でスターになり、トントン拍子にＣＤデビューが決まり、私の知り合いが運営していたライブハウスを借りて、お披露目ライブをやることになったのですが、デビューの直前でその話が無期延期になり、落ち込んでいました。

でも、どうせライブハウスは借りているし、お客様も呼んでいるのだから『デビュー延期残念ライブ』として開催することになりました。熱望していたＣＤデビューが直前で頓挫してしまい、kobaryuはトコトン落ち込んでいました。

kobaryuが、ものまね番組で知り合い、後の私の師匠になる木下山多を呼んで、ステージ上でＮＬＰを使ってkobaryを癒すセラピーをやったのです。そのステージを見た私は「これならば妻とのコミュニケーションに役立つかもしれない」と思い、その場でＮＬＰを検索して、学びをスタートしました。

私がＮＬＰに惹かれた理由は「言葉を使わなくても相手が何を考えているかが、なんとなくわかるのではないか？」というたった一つだけでした。妻とお互いに言葉を使わなくても、解るコミュニケーションができたら良いなと思ったのです。

後にわかるのですが、妻の障害はうつ病ではなく、統合失調症だったのです。重度のうつ病と、統合失調症の陰性症状は精神科医でも見分けがつきにくいらしいです。

私がＮＬＰを学んで一番助かっているのは、やはり妻の考えていることが何となく判るようになったことです。言葉にならない部分のコミュニケーションを受け取るスキルです。判りやすくいえば「極めて優秀な観察眼」を身につけた感じです。

このようにＮＬＰの基本はコミュニケーションスキルなのです。これは対人関係だけにとどまらず、対自分に対してのコミニケーションスキルも向上するのです。

自分とのコミニケーションスキルを向上させると、悩み事が解消しやすくなります。

もっといえば悩み事を自分自身の力で手放しやすくなり、そもそも悩みを感じる必要がなくなります。

この本で僕が皆さんにお伝えしたいことは、人間が生きていれば様々な局面でネガティブな感情を持ち、葛藤や思い悩むこともありますが、その悩み事をいち早く手放して、自分本来の心を取り戻し、楽な生き方を選んで欲しい、ということです。

そのために必要なことは、この本ですべて書き記しておきます。この本を読めば、今悩んでいることが大した問題ではないことに気付きます。そして、そもそも問題なんか存在しなかったのだということに気が付き、自分から問題を手放すことが簡単なのだということがわかるはずです。

それでは、この本を手に取っていただいた、あなたの悩みを軽くして、明るい未来を自らの手で切り開く「心の旅」を出発したいと思います。

井上慎介

基礎編

脳の仕組みを活用して不安やストレスを解消する「ＮＬＰ」とは

第1章

深層心理

脳の奥深くにある意識を味方にする

第2章

事実とイメージ

自分の価値観を通じて良いイメージを描く

第3章

主観と客観

物事を捉える視点を変えて自分を見つめ直す

第4章

プログラム

コンピューターのように脳に書き込める

第5章 悩みの解決方法

基礎編

脳の仕組みを活用して不安やストレスを解消する「NLP」とは

不安やストレスを感じるのはなぜなんだろう？

不安とは、何かが心配になったり、気がかりになってしまい、心が落ち着かない、安らぎが得られない状態のことです。

ストレスとは、プレッシャーや嫌なことなどを感じたときに、心に負担がかかっている状態のことです。

状態の重度はあるかと思いますが、どれも日常生活の中では必ず生じてしまうものです。では、なぜこのような感情を感じてしまうのでしょうか？　その原因は、実は脳の仕組みにあるのです。この本では、その脳の仕組みを「ＮＬＰ」を用いて解説し、不安やストレスに対抗できる考え方を身につけていきます。

脳の仕組みを理解できる「NLP」とは

最初に、NLPとは何かというものを解説しなければならないでしょう。「Neuro Linguistic Programming」略してNLPです。日本語に訳すと「神経言語プログラミング」となります。言語学と心理学を組み合わせた実践心理学なのですが、ちょっと難しいかもしれませんね。

NLPの名称について解説しますと、NLPにおいてこの神経とは五感（視覚、聴覚、味覚、臭覚、触覚）のことをいいます。さらに付け足すと、五感とは過去に経験した体験のことも指します。言語とは、ストレートに言葉のことです。プログラミングとは、これもストレートにプログラムのことです。

一般的にプログラムといえば、コンピューターのプログラムや、イベント、教育などの構成などを指しますよね？　NLPで使われているプログラムもコンピューターのプログラムと同じような意味で「同じ刺激を与えたら、100%同じ反応をすること」です。コンピューターのプログラムは特定の指示を出したら、100%同じ結果が得られますよね。例えば、銀行のATMで自分のキャッシュカードを入れ、暗証番号を入力したら、100%自分の口座情報を確認できます。これが10回に1回他人の口座情報が見られたり、100回に1回残高が10倍になったりはしません。銀行のATMにおけるプログラムといえば「誰がキャッシュカードを挿入しても、暗証番号が一致したら口座の情報を確認できる」というもののはずです。NLPのプログラムもそういう認識で大丈夫です。

NLPのはじまりと実績

NLPについてもう少し説明します。始まりは1970年代、アメリカで誕生しました。NLPの創始者は数学者のリチャード・バンドラーと言語学者ジョン・グリンダーです。彼らは三人の天才セラピスト「家族療法のバージニア・サティア」「ゲシュタルト療法のフリッツ・パールズ」「催眠療法のミルトン・エリクソン」の手法を研究し、誰にでも使えるように簡略化をしてメソッド化しました。

こうして生まれたＮＬＰですが、広く世に知られるようになったのは、当時泥沼化していたベトナム戦争に従軍していた兵隊が、戦争終結と共にアメリカに帰還したとき、負っていた精神的な傷を癒すことに効果を発揮したからです。

彼らの心の傷は相当なものでした。想像してみてください。自宅でリラックスしているときに、いきなり森から敵に襲われたことや、さっきまで普通に話をしていた友人が次の瞬間に敵に撃たれて亡くなってしまったことを思い出したとしたら……そのようなまるで地獄のような光景が急にフラッシュバックされたら、普通の精神状態で生活できると思いますか？　彼らには普通の生活を取り戻すことが必要だったのですが、それを可能するにはＮＬＰが最適だったのです。


このことからもわかるとおり、ＮＬＰとは天才セラピストのメソッド通りならば、誰が行っても１００％同じ効果が得られるように体系立てて作られている、本当に実践的な心理学なのです。このことこそ、ＮＬＰのＰにあたる「プログラミング」を指し示しているといっても過言ではありません。

実は歴代のアメリカ大統領や著名人・スポーツ選手も活用しているＮＬＰ

なぜアメリカ大統領がＮＬＰを実践しているのでしょうか？　その理由は大きく分けて二つだといわれています。まず一つは、選挙活動や演説に役立つ「コミュニケーションスキルの向上」です。選挙は、有権者に自分のことを選んでもらわなくてはならないので、どうにかして人気を得る必要があります。ＮＬＰを使うと対人関係が円滑に行えるようになります（１７０、１９０ページ参照）。これは対個人でも対多数でも可能なのです。多数でも可能なのですから、自分が届けたいメッセージを演説などでより深く、相手の心理に届けることができるのです。

もう一つの理由は人間の悩みの大半をＮＬＰで解消できるからです。アメリカ大統領という立場は、世界で最もストレスに悩まされる職業だと思いますので、その効果を欲しいと思うのは当たり前のことです。

なぜ、NLPを使うことで悩みが解消されるのかというと、そもそも悩みが長期化しなくなることが挙げられるからです。人間が生きていれば悩みがまったくなくなることはありませんが、悩みをごく短期間で解決することはできます。それが可能になれば心に余裕ができ、それだけ正しい判断や、効率的な仕事ができるようになるのです。常に正しい判断が求められたり、膨大な仕事量を処理しなければならないアメリカ大統領にとって、うってつけというわけです。

また、NLPのコミュニケーションスキルは、対人だけではなく、対自分にも大きな効力を発揮します。実は人は、毎日、何回も「自問自答」を続けています。その回数は、一説には18,000回ともいわれています。それだけ多くの対自分とのコミュニケーションスキルが向上したら、悩みの根本や解決方法を見つけることができ、悩みは自然と解消していくのです。

スポーツ選手がNLPを実践している理由の一つは「メンタルトレーニング」です。プロスポーツ選手も様々なストレスにさらされています。ストレスが掛かった状態であってもベストパフォーマンスを要求されるのがプロフェッショナルですから、実際の試合のときにしっかりと力を発揮できるように、メンタルも鍛えなければなりません。メンタルを鍛えるのに効果的な方法の一つにイメージトレーニングがあります。現在、イメージトレーニングは様々なトレーニングの中でもとても重要な位置を占めていますが、このトレーニングを実行するにあたって最適なのがNLPなのです。それについても後々お伝えしますが（79ページ参照）、これができるようになったら、スポーツ選手だけではなく、タレントさんや、セミナー講師など、人前でパフォーマンスを行う必要がある方でも応用できますし、ビジネスマンがプレゼンをするとか、面接を受けに行くなどの緊張を強いられる局面が待っているとか、そういったことに対してもベストな状態で臨むことができるようになっていくのです。

ここまでNLPの利点について説明してきましたが、これらはNLPの一つの側面です。他にも、心の奥底で感じている本当の願望をはっきりと認識できるようにさせて、それを叶いやすくする「願望実現」のやり方や、本書のメインである「不安やストレスを軽減させる方法」「悩みとの上手な付き合い方」などについてもNLPを理解することで、自然と身についていてしまいます。

実践型のNLP

日本人の感覚に適したNLP

NLPはアメリカで生まれ、発達してきたものですが、この本では、アメリカで生まれたままのNLPではなく、日本人の感覚に適するように進化させたNLPをお伝えしていきます。それは次のような理由があるからです。

NLPはアメリカ発ということもあり、ポジティブに振る傾向にありますが、日本人はポジティブになりきれない人が多いと思います。ポジティブな人を見るのは抵抗がなくても、自分自身がポジティブになろうとすると照れが入ってしまうのです。

そこで私は、米国NLP協会が認定するセラピストとしての技術を活かしたポジティブ側に振る米国タイプのNLPと、日本人の国民性に合わせた「ニュートラルベースNLP™」の2通りのNLPを使い分けて、クライアントさんとセッションをしています。

なお、ニュートラルベースNLP™とは、私の師匠である木下山多氏が米国発祥のNLPを日本人向けに改良したNLPのことで、般若心経の教えである「空（ネガティブな感情を消し去った先にある穏やかな心の状態）」を取り入れたものです。「空」は坐禅を組んでいるときの心の状態といえばわかりやすいかもしれません。

このように、日本人にとって馴染みのある教えから、一見難しそうなNLPの考え方をつかんでいただきたいと思っています。

NLPの基本となる考え方

NLPには、アメリカ発のものでも、日本人向けのものでも、基本となる考え方があります。「深層心理」「事実とイメージ」「主観と客観」「プログラミング」の4つがそれに当たります。これらはＮＬＰを理解するのにとても重要なものではありますが、一気に理解するのはたいへんですので、まず概要を説明していきたいと思います。

自分でコントロールすることができない意識「深層心理」

「深層心理」は聞き馴染みのある言葉かもしれません。一般的な解釈では、心の深いところに眠っている潜在的な感覚や考え方といったところでしょうか。その解釈で大まかには正しいと思います。ただ、ＮＬＰでは、根幹に関わる重要な部分ですので、もう少し詳しく説明させてください。

ＮＬＰの考え方では、人間の心理は大きく分けて二つあります。一つは自分でコントロール可能な「表層心理」、もう一つは自分でコントロールできない「深層心理」です。表層心理は顕在意識ともいわれます。そもそも顕在とは、表に現れて確認できる状態のことです。「問題の顕在化」という言葉がありますよね？　これは深層部でくすぶっている問題が、表層部に出てくることをいいます。この言葉の説明と同じように人間の意識（＝心理）も深層部で潜んでいるものと、表層部に出ているものに分かれます。

表層心理は表に出ているので、自分自身がわかりやすい状態です。意識していることや、考えていることが認識できる領域にあるからです。それに対して、深層心理とは顕在化していない潜在的な部分に存在する意識（＝心理）や考えです。何か問題があっても、認識できる表層の領域に達していないので、それに気付くことができないのです。気付くことができないので、もちろんコントロールすることもできません。

深層心理はコントロールできないといいましたが、実はＮＬＰでは、この深層心理にアプローチして、社会的、あるいは自分的に都合がいいようにコントロールすることが可能です。この深層心理へのアプローチには、脳が絶対に逆らうことができない本能とも呼べる３つの脳の原則を利用するのですが、こちらは第１章で詳しく解説していきます。

出来事を価値観を通して解釈してしまう
「事実とイメージ」

「事実」も「イメージ」も誰もが知っている言葉ですが、ＮＬＰの考え方では、現実に起こった事柄を事実、対してイメージとは、脳内で自分が作り出している空想や妄想、思い込みを指します。

また、事実とは、ご承知のとおり一つしかない確かなものです。しかし、イメージとは、事実を基に自分の経験や知識などのフィルターを通して作り上げるものです。メガネをかけている人が真面目そうに見えたり、強面の人が悪いことをしてそうに見えるなど、個々人が持つ価値観もこのイメージです。ですので、たとえ同じ事実を経験したとしても、それをどう捉えるか、またそのときの感情などで内容が変わっていきます。メガネをかけている人はただ単に目が悪いだけで真面目とは限りませんし、強面の人も顔が怖いだけで心は優しい人かもしれません。このようにイメージとはとても曖昧なものなのです。

曖昧な構造のイメージですが、脳はこれを考えずにはいられません。さらに脳は、事実のみに反応することはできないとさえいわれています。現実に起こったことをそのままの形で理解せずに、どうしてもイメージを追加してしまうのです。しかも無意識的に。そういう本能だと理解しておいてください。だからこそ人は豊かな想像力を持っているともいえるのですが、強く想像したイメージが事実のように錯覚する場合もあるのです。これが社会的・自己的に都合の悪い方に転んでしまうと、トラウマなどを引き起こすことがあります。そのメカニズムにつきましては、事実とイメージの章でしっかりと解説してきます。

物事を捉えるときの視点「主観と客観」

ＮＬＰでは、抱えている悩みに対して客観視してもらう必要があります。難しく聞こえるかもしれませんが、そんなことはありませんのでご安心ください。ここではＮＬＰでいう客観はもちろんのこと、対になる主観についても説明していきますが、さらに詳しい内容につきましては「主観と客観」の章で解説していきます。

「主観と客観」ですが、簡単に説明しますと以下のような状態を指します。

・主観…自分の目で見て感じている状態
・客観…第三者の目線で自分を捉えている状態

主観的視点という言葉から連想するとさらにわかりやすいかもしれません。主観的視点とは、目の前の出来事に対して、一人称の目線で捉えていることです。それに対して客観的視点とは別の目線で見ている感じです。例えば、自分のことを第三者の目線や、頭上から見下ろすような神の目線などの自分以外の目線で対象を捉えていることです。

以上が「主観」と「客観」の概要になります。一般的な考え方とそれほど相違はないと思いますが、主観と客観の章を読む前に、とりあえず押さえておいてください。

コンピューターのように脳に書き込まれる「プログラム」

NLPでいう「プログラム」とは、コンピューターのプログラムと同じだと思っていただければ問題ありません。コンピューターは命令を出したら、100%プログラムの指示通り実行します。しかもそれが自動的にです。それと同じく、人間にも自動で実行されるプログラムが存在します。人間の場合は、刺激（体験）と感覚反応（五感（視覚、聴覚、味覚、臭覚、触覚）で感じたものに対するリアクション）が、因果関係がないのにも関わらず紐付いている状態のことです。

例えば、緊張を強いられる相手のことを見るだけで鼓動が早くなるとか、恋人とお揃いの持ち物を見ると頬の筋肉が緩むとかです。

これが緊張を強いられる相手を見るとシャキッとしたする気持ちになるとか、恋人とお揃いの持ち物を見ると優しい気持ちになるという「気持ちの変化」だけだと、ＮＬＰにおいてはプログラムではないのです。プログラムとは、あくまでも身体に現れる感覚反応のことを指すからです。

まとめてしまうと、ＮＬＰでいうプログラムとは、「脳で自然に作られているプログラムを意図的に書き直すこと」なのですが、第４章でプログラムについてもっと深い内容をわかりやすく解説しています。もちろん、プログラムを書き込む方法についても触れていきます。

以上、ＮＬＰの基本となる４つの考え方を説明しました。基礎としては、この程度を押さえていただければ充分です。これから、４つの考え方を各々の章でさらに詳しく解説していきますが、難しいことはありません。例を挙げてわかりやすく解説していきますのでご安心ください。これらの章を一通り読んでいただければ、自分の悩みに対して、自分でアプローチすることができ、不安やストレスを和らげたり、悩みを払拭する術を身につけることができます。

第1章

深層心理

脳の奥深くにある
意識を味方にする

楽をしたいのは仕方ない？

とあるカウンセリングルームにて。サラリーマン風の男性・佐藤さんが、セラピストの井上に相談をしに訪れた。

佐藤「すみません、予約していた佐藤ですけど……」

井上「佐藤さん、お待ちしてました。こちらにどうぞ。それでは早速ですが、どのようなご相談でしょうか？」

佐藤「はい……私すごく誘惑に弱くて、つい楽をしたくなるというか、仕事がどうにも面倒臭くなって手をつけるのが遅くなったり、そのせいでどんどん遅れてしまう感じで……」

井上「なるほど、それはお困りでしたね、どのようなお仕事だと先送りしてしまいがちですか？」

佐藤「そうですね、上司から押し付けられた仕事とか、同僚の尻拭いとかが先送りになってしまいます」

井上「それなら、すぐに手を付けられるお仕事もありますか？」

佐藤「はい、自分が企画した案件なんかは、すぐにでも手を付けられます」

井上「そうですか、すべての仕事が手を付けられないというわけではないのですね」

佐藤「そうなんですよ……自分でやりたいことはできるのですが、そうじゃないとできないんです。この怠け癖をどうにかできませんか？」

井上「趣味だったらやりたいことだけをやれば良いでしょうけど、お仕事だとそうはいきませんよね？」

佐藤「はい、それで会社に行くのもつらくなってきました」

井上「それは良くないですね、何とかしたいですよね？」

佐藤「はい、できれば前みたいに仕事をしたいです」

井上「わかります……佐藤さんが悩みだと思ってしまった原因になっている『つい楽をしたくなってしまう』ですが、そもそも人間を含め動物は楽をしたいと思って生きているのですよ。それも深層心理のレベルで」

佐藤 「深層心理って本能的なものですよね？　じゃあ、仕事が面倒臭くなってしまうのは、どうしようもないということですか？」

井上 「深層心理がもたらす影響だけでいえば、そのとおりですが、現代を生きる人間として、それではマズいですよね？」

佐藤 「そうです。このままではマズいと思ったからこうして相談に来ているんですよ」

井上 「そうですね。失礼しました。それでは、その悩みを根本から解消していきましょう。まず深層心理がどんなものなのか理解してください」

佐藤 「えっ!?　深層心理って理解できるものなんですか？　ややこしいのはちょっと……」

井上 「大丈夫です。深層心理って確かにややこしそうですが、実はそうでもないんです。これからそれを証明していきますよ」

脳は深層心理に操られている

深層心理の特性

深層心理についてお話ししたいと思いますが、学術的に説明するとすごく難しくなるので、簡潔にまとめていきます。なんとなく理解している方もいるかもしれませんが「深層心理とは、自分では気が付いていない、心の深いところにあるもので、自分の意思でコントロールすることができない」という認識が一般的です。深層心理のほかに表層心理というものもあります。これは深層心理とは逆で、自分の意思でコントロールできる心理領域といわれています。

二つの領域における割合ですが、一説には深層心理が90〜95%に対して、表層心理が5〜10%といわれていますけれども、厳密な割合よりも大切なことは「深層心理は、表層心理よりも圧倒的な大きさを持っている」ということです。

本書では「深層心理・表層心理」と、「潜在意識・顕在意識」と、「意識・無意識」が、混在している個所もあります。これは、その場面に応じた書き方になっています。基本的には、「深層心理＝潜在意識＝無意識」「表層心理＝顕在意識＝意識」だと思ってください（図1-1）。なお、先ほど深層心理はコントロールできないと説明しましたが、NLPのスキルを使うと、深層心理はコントロールすることができます。

[図1-1] 脳の心理

コントロール
可能

コントロール
不可能

深層心理に強く影響する脳の原則

深層心理をコントロールすることはできないが、NLPを駆使すればそれも可能、といいました。それを知るには深層心理の母体である脳について知る必要があります。脳を知るというと難しく感じるかもしれませんが、NLPで知っておいてほしいのは、たった3つの原則です。

この3つの原則とは、快楽を求めて痛みを避ける「快・痛みの原則」、理解できないものを自分が知るもので補おうとする「空白の原則」、一つの物事しか処理することができない「焦点化の原則」がそれに当たります。これらは人間のみならず動物が生きていくために必要不可欠な、本能的な脳の原則で、そのすべては、自己の生命の安全、心の安心を求めるというものです（図1-2）。

［図1-2］ 脳の三大原則

心地良いことは
続けてしまい、
痛みを伴うことは
しない

空白
の原則

わからないことは、
見たり聞いたり
したことを総動員して
理解しようとする

二つのことを同時に
行うことが苦手で
どうしても一つのことに
集中してしまう

**すべては安全安心の欲求に
基づいている**

脳は快楽を求めて痛みを避ける傾向にある

脳は、心地良いものを好んで、不快なものを避ける傾向にあります。これは誰でもわかることだと思うのです。やっていて楽しいとか、気持ちの良いことは続けたいと思います。それに対して、不快なもの、気持ち悪い、痛い、やりたくないものは、自分から遠ざけたいと思うでしょう。

例えば、猫はお気に入りの場所から動きたくありません。野良猫でも、飼い猫でも、冬の陽だまりで気持ちよさそうに昼寝をしている光景を目にしますよね？　これは、猫にとって快適な空間に居続けたいと脳が勝手に働いています。これをNLPでは「快の原則」といいます。逆に、野良猫にちょっかいを出しすぎて一度嫌われたら、二度と近寄ってきませんよね？　これは嫌なことからは避けるという脳の働きによるものです。これを「痛みの原則」といいます。この快と痛みの原則を合わせて「快・痛みの原則」（図1-3）というのです。

[図1-3] 快・痛みの原則

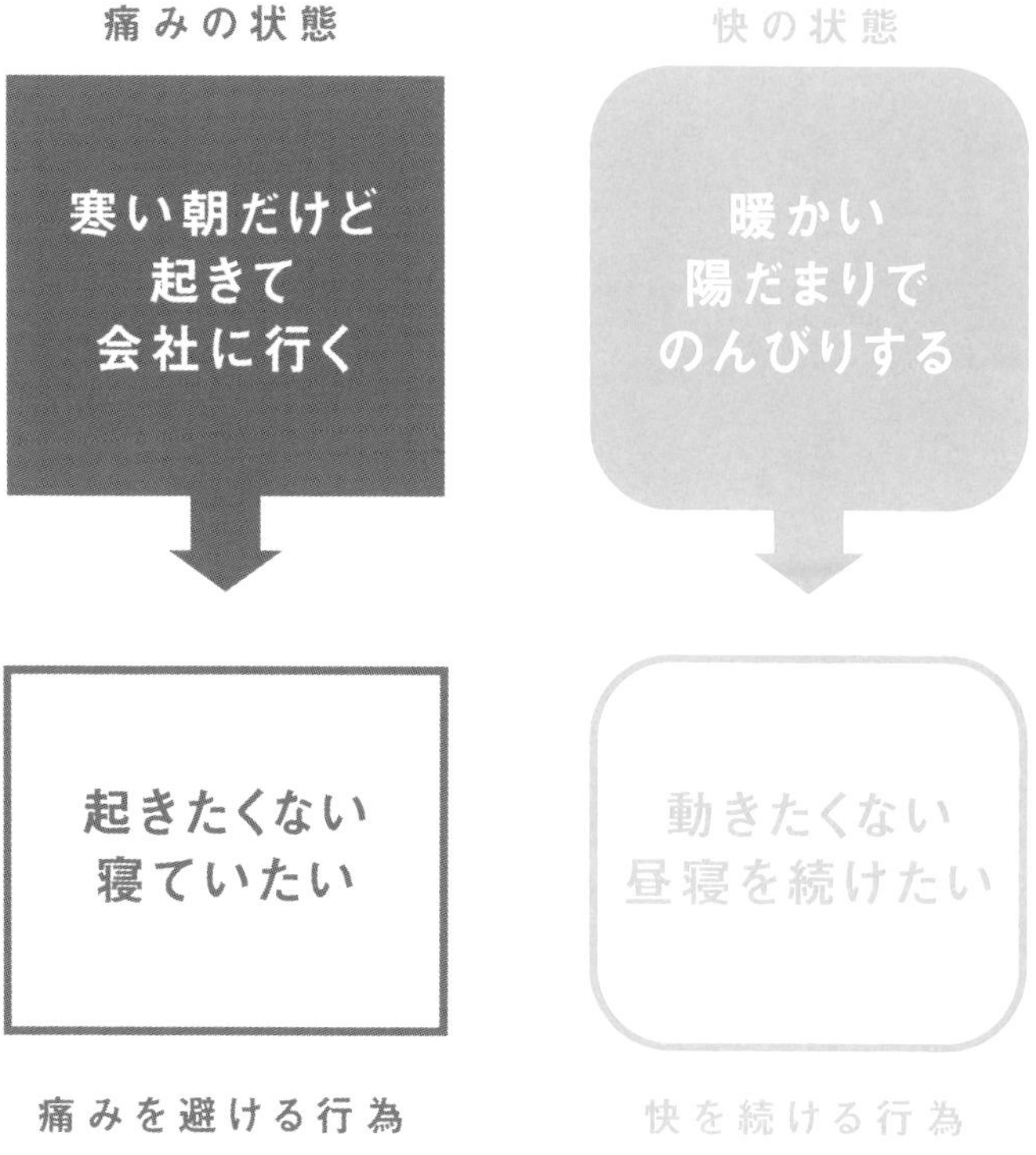

痛みの状態

寒い朝だけど
起きて
会社に行く

↓

起きたくない
寝ていたい

痛みを避ける行為

快の状態

暖かい
陽だまりで
のんびりする

↓

動きたくない
昼寝を続けたい

快を続ける行為

常に安心安全を求めたいので
快（快適・快楽）を求め、
痛み（苦痛）を遠ざけたい

疲れていれば寝ていたいし、やりたくないことは後回しにしたい。人間だってこのようにしたいです。それが脳の原則なのですが、ここで気をつけなければいけないのは、心地良いからといって続けていいのか？　ということです。例えば、ギャンブルが好きだからといって、破産するまでのめり込むことは自分を幸せにしてくれるでしょうか？　薬物依存もそうです。やればその場は快楽を得られるのかも知れません。ですがそれは、警察のご厄介になったり、体を蝕んだりします。

「やりたくないことはやらない」これは脳の原則、言い換えれば「本能」といえます。ですが本能のとおりに動くことがあなた自身の幸せに繋がるとは限りません。この本能とは反対に「理性」とも呼べるものが表層心理です。人の脳には、本能とともに理性もしっかりと備わっているのです。

人間は社会の中で生きています。社会的に許される・許されないということを考えて、自分の本能に従うのか理性で行動するのかを判断しているのです。

脳は理解できないものを、持ち得る知識で補おうとする

先に述べたように、脳（深層心理）は基本的に生き続けることしか考えていません。生き抜くために、常に自分自身の安全と安心を求めます。なぜなら自分の生命を脅かすものを避けなければならないからです。では、安全と安心を得るために必要なこととは何でしょうか？　一つには「慣れている環境に居続ける」ということが挙げられます。

例えば、アフリカのサバンナにいる草食動物が、自分を攻撃するかもしれない肉食動物たちから身を守るために、自分の経験上、安全であろうと思われる場所で食事をしたり、子育てをすることがこれに当たります。また「知らないものを避ける」もそうでしょう。野生動物は基本的に、得体の知れないものには近づきません。予期せぬ事態に見舞われて、自己の生命を危険にさらさないためです。これらのように安全・安心を得るためには目新しいものを排除しようとするのです。

この野生動物の生態からもわかるとおり、脳は危険から身を守るために、安全な場所を確保しようとし、自分が理解できないものを嫌い、すでに知っているものだけに囲まれて安心を得ようとします。安全な場所の確保は、当たり前といえばそのとおりでしょう。しかし、理解できないものに対しては、脳はそのままにはしておきません。理解できないものがあると安心を得られないので、なんとか理解しようと試みるのです。

そこで、どうしても安全・安心がほしい脳は、自分の体験や経験、仲間から得た知識（人間なら聞いた話や本で知ったもの）などの情報を基に、何かしらの関連をつけて理解しようとします。この理解できないことを、自分の持ち得る情報で補おうとする脳の行為を、NLPでは「空白の原則」（図1-4）といいます。脳は、理解できない事柄（＝空白）を嫌い、それをどうにかして補うものと理解していただければ大丈夫です。

この空白の原則は、もちろん人の日常でも起こります。例えば、朝にお腹が痛くて起きてしまったとします。お腹を下しているし、どうやら熱もあります。この症状は何だろう？　風邪かな、食中毒かな、もしかしてインフルエンザかな、といろいろと考えてみるけれども、原因がよくわからない。そこで病院に行って検査をし、医者に食中毒だと診断

［図1-4］空白の原則

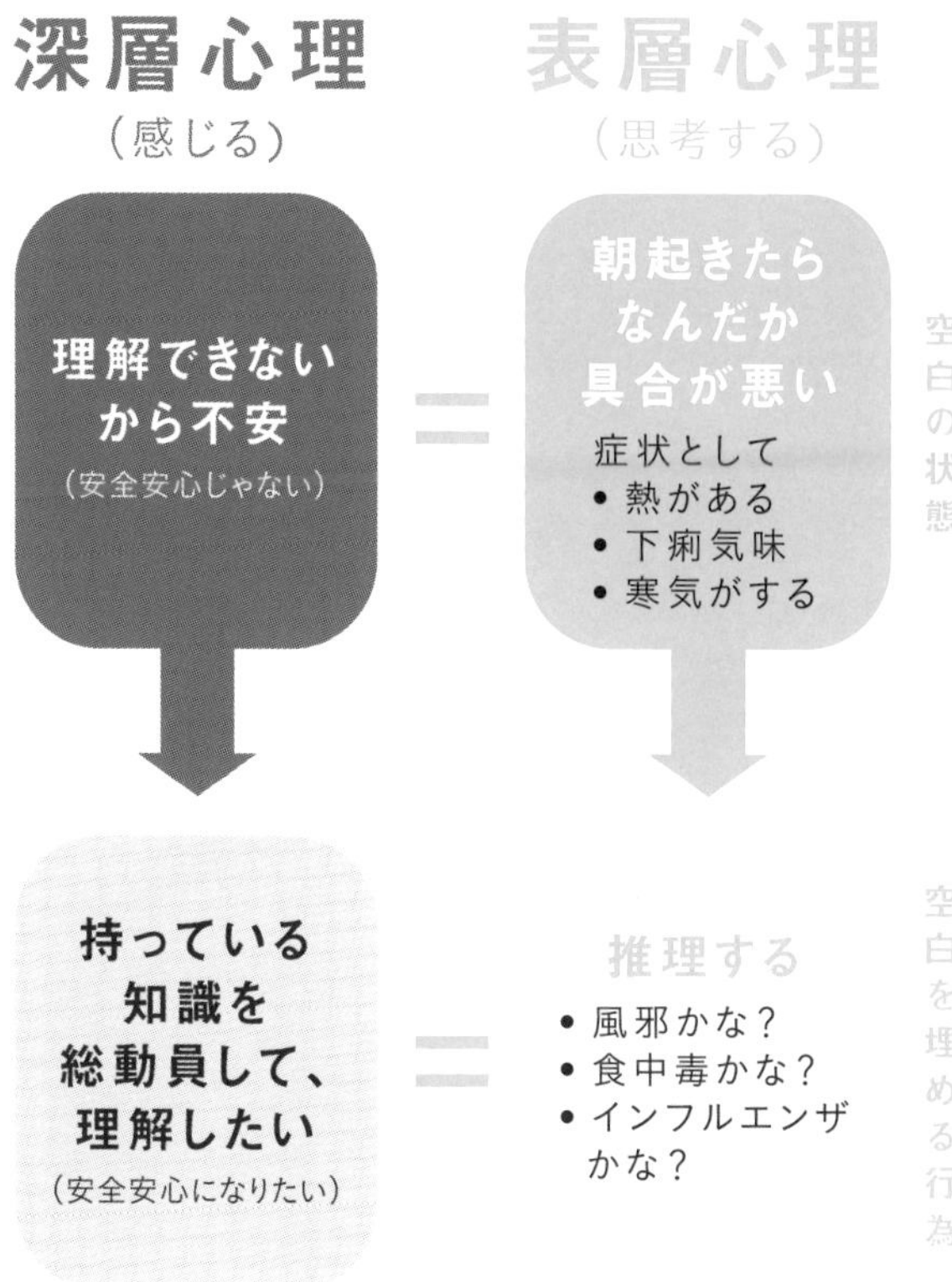

深層心理
（感じる）

理解できない
から不安
（安全安心じゃない）

＝

表層心理
（思考する）

朝起きたら
なんだか
具合が悪い
症状として
• 熱がある
• 下痢気味
• 寒気がする

空白の状態

持っている
知識を
総動員して、
理解したい
（安全安心になりたい）

＝

推理する
• 風邪かな？
• 食中毒かな？
• インフルエンザ
かな？

空白を埋める行為

された。食中毒だと知ってまさかとびっくりしたけれど、ようやく原因がはっきりしたので一安心した。

こんな経験をした方もいるかと思いますし、想像もできるかと思います。この例を空白の原則に当てはめると、症状の原因は何だろうと疑問に思ったところが「空白」になります。わからない、すぐに理解ができないので空白ですね。脳は空白を嫌いますので、原因を突き止めようと自分の経験や本で読んだり、ＴＶで見た情報などから探ります。風邪か、食中毒か、インフルエンザかと考えを巡らせてみて何とか原因を突き止めようとしても、はっきりとはわからないので、病院に行って診察してもらうことにしました。そこで原因がはっきりし、病院で得た情報によって空白を補うことができ、安心を手にすることができた、ということになります。

このことからもわかるように、脳は、はっきりとわからない物事（＝空白）に対して、どうしても不安になってしまいます。そこで納得できる情報によって穴埋めし、安心を得たいと思うのです。これが「空白の原則」の正体です。嫌が応にもこのような考え方をしてしまう脳の本能だと思っておいてください。

脳はシングルタスクのコンピューター

「脳がシングルタスクってどういう意味ですか？」そんな声が聞こえてきそうですね。脳は原則として、一度に一つのことしか処理ができないといわれています。何かに焦点を当てるとそれだけに意識が集中し、それ以外は焦点が外れてしまいます。要するに、二つ以上のことを処理するのが苦手なのです。

実は、脳は同時に二つのことをやろうとすると、うまくいかずにフリーズを起こしてしまうのです。人間の脳がフリーズ起こしたらどうなるでしょうか？　脳が機能停止する。つまり脳死のような状態になってしまうので、脳は機能停止しないように二つのことを同時に扱わないようにしています。ただ、一つのことを実行するに当たっては、ものすごく高い性能を発揮します。例えば、小説を読むという行為を例にとってみます。

文字の羅列を意味のある言葉に変換して、その場面を脳内で映像として描くことができます。これを機械で行おうとすると、どれだけの情報処理をしなければいけないか。人間の脳が、どれだけすごいことを一瞬で処理しているのかがわかると思います。

二つのことをやろうとするとうまくいかない例を挙げるとすれば、電話をしながら新聞をスラスラと読むことは難しい、という行為はこれに当たるでしょう。この場合では、電話の声を聞き取ることに焦点を置いて、新聞を読むことを省略しているのです。このように焦点を一つに絞って、脳の機能を最大限活用しようとすることをＮＬＰでは「焦点化の原則」（図1-5）といいます。

日常の生活の中でも当たり前のように焦点化の原則を行っています。例えば、最近体重が気になりだしたとします。するとどうでしょう？　雑誌のダイエット特集の中吊り広告や、街中のフィットネスクラブなど、ダイエット関連の情報が目につきやすくなります。これは、一つのものに意識が集中するため、他のものへの関心が薄れてしまうからです。

これらからもわかるとおり、気になるもの、好きなものなど、つい意識してしまうものがあると、そこに焦点が合ってしまい、他のものが目に入りづらくなってしまう脳の機能のことを「焦点化の原則」というのです。

［図1-5］焦点化の原則

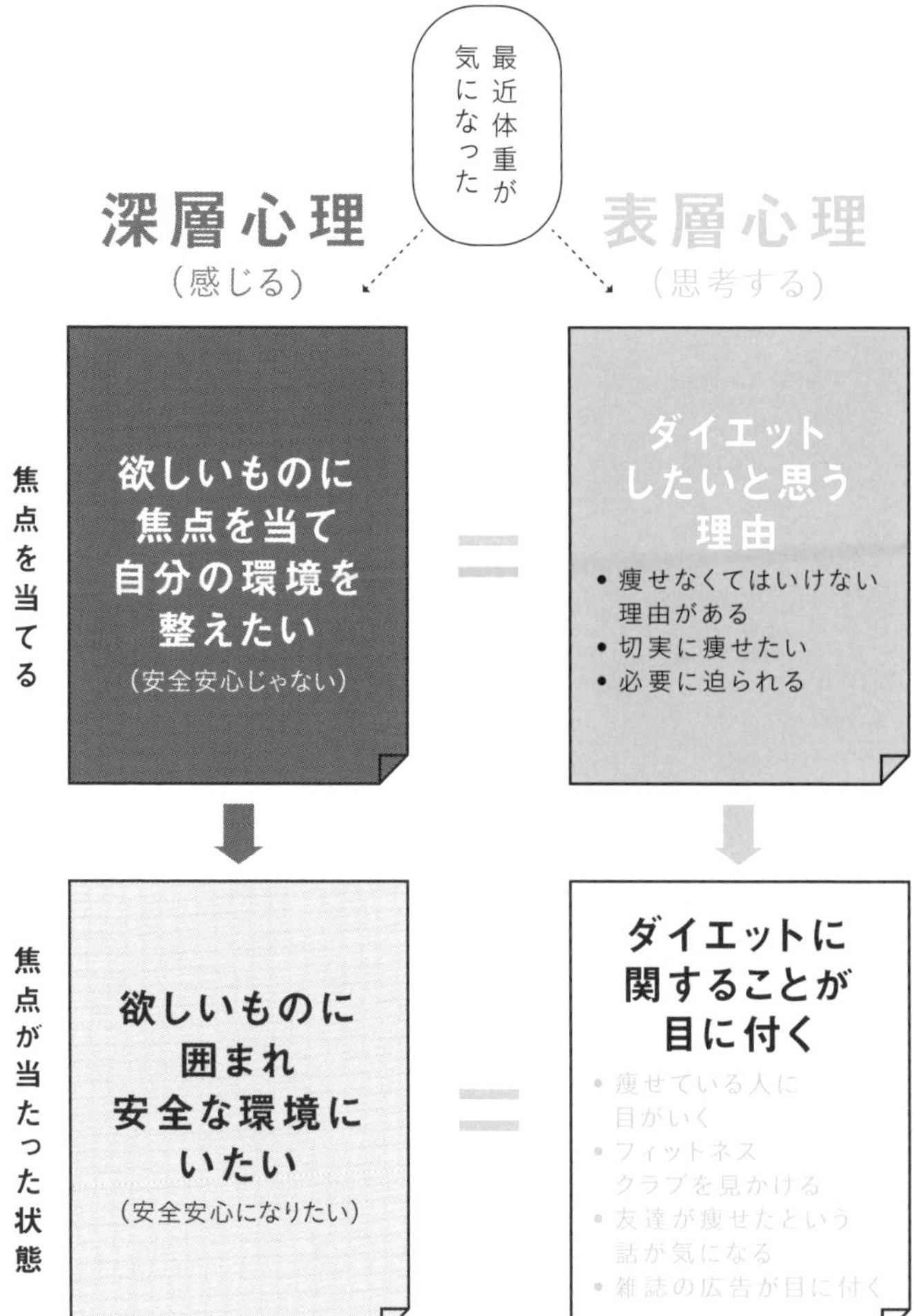

最近体重が気になった

深層心理
（感じる）

表層心理
（思考する）

焦点を当てる

欲しいものに焦点を当て自分の環境を整えたい
（安全安心じゃない）

＝

ダイエットしたいと思う理由
- 痩せなくてはいけない理由がある
- 切実に痩せたい
- 必要に迫られる

焦点が当たった状態

欲しいものに囲まれ安全な環境にいたい
（安全安心になりたい）

＝

ダイエットに関することが目に付く
- 痩せている人に目がいく
- フィットネスクラブを見かける
- 友達が痩せたという話が気になる
- 雑誌の広告が目に付く

これまで焦点化の原則について説明してきました。この脳の原則がどのようなものか、だいたい理解できたかと思いますが、実は、先に説明した「空白の原則」と、「焦点化の原則」は密接な関係にあります。切っては切り離せない間柄です、どのように関係しているのか、例を挙げて説明します。

空白の原則と、焦点化の原則は組み合わされている

朝は気だるい、起きるのが辛いと思っている方は、少なくないと思います。そこで、それが少しでも払拭されるような例を挙げていきましょう。朝起きたときに行うと効果的な行動です。まず「今日も何か良いことがあるかな?」と口に出して自分に質問をします。質問の中身である「良いことがあるかな?」という言葉を発し聞くことで、一日中、良いことを脳が勝手に探し始めるのです。そして、良いことにたくさん気付くことができれば、それだけ幸せな気分になれるという仕組みです。なお、質問するときに口に出すのは、耳で聞くことでより効果的になるからです。

この行為を「空白の原則」と「焦点化の原則」から考察していくと、まず、寝起きのときの脳がフレッシュな状態（リセットされた状態）で「今日も何か良いことがあるかな？」という質問をすれば、脳が良いことに対して意識を向けやすくなります。意識付けされれば、「良いこと」に対して焦点が当たり、「良いこと」以外の情報であるネガティブなことは省略されていきます。ここが「焦点化の原則」ですね。

ただ、脳は「良いこと」というだけでは抽象的で、具体的にわからないという状態です。「良いこと＝わからないこと」ですので、とりあえず良さそうなものを手当たり次第に集めまくります。これが、空白の部分を情報で埋めるということになるのです。

良いことは、過去の経験はもちろんのこと、TVや街中に溢れる広告などからも、脳が勝手に集めるのです。このことが、脳が「良いこと」が気になり、それに関する情報を集めずにはいられなくなるメカニズムなのです（図1-6）。

仮に、「あー、昨日の疲れが抜けない、どうせ今日もロクなことなんか起きないだろ」と先ほどの例と逆のことをつぶやいてしまったとしたら……髪型がちっとも決まらない、タイミング悪く赤信号で捕まってしまった、もう一歩のところで電車が行っちゃった遅刻ギリギリだよ、などと脳はネガティブなことを探してしまうのです。

これが「今日も何か良いことがあるかな?」とつぶやいた朝だったなら、たとえタイミング悪く赤信号で捕まってしまったとしても、信号待ちをしている間に、街頭の大型モニターで好きなタレントのニュースを見ることができてハッピーな気持ちになれたり、隣にいた赤ちゃんがニコっと笑ってくれてちょっとだけ優しい気持ちになれたり、小さい幸せにも、どんどん気付くことができるのです。

人間は、すべての物事に目が行き届いている訳ではありません。目に見えているすべての物事から選択して自分に必要な情報だけを取り入れようとします。その機能を担っているのが「空白の原則」であり、「焦点化の原則」なのです。

以上の3つ「快・痛みの原則」「空白の原則」「焦点化の原則」が人間の「安全安心の欲求」に基づいた生存するための脳の原則です。これらの原則は「脳は生き抜くことだけを考えているもの」ということを示しているのですが、この考え方こそが人間の深層心理の根幹を担い、深層心理をコントロールすることに役立つのです。

［図1-6］空白の原則・焦点化の原則の組み合わせ

今日も「何か良いこと」があるかな？

この質問に対して

空白ができる

今日も何か良いことがあるかな？の
「何か良いこと」といったすぐに答えが出ない、
考えさせられるといったところが「空白」になる

この空白に対して

焦点化が起こる

空白になったところ、この場合では「何か良いこと」に対して
脳は必要な情報で埋めようとする（安全安心を求めるため）。
この場合では、「何か良いこと」に焦点が当たり、
良いことを自動的に探し出す。

脳と人間の行動の結びつき

人間の行動における深層心理の重要性

深層心理は、この章の最初に説明したように、基本的に自分でも気が付かない領域です。この気が付かないというところが少々やっかいで、深層心理は自分自身が意識していなくても、勝手に行動に移そうとすることがあるのです。例えば、二度寝をしてしまう、深夜にお菓子を食べてしまう、何かを考えているときに爪を噛んでしまうなど、いけないと思いつつも、ついやってしまうことってありますよね？　実は、それは深層心理が求めているために引き起こされるのです。

では、なぜ深層心理は、いけないと思ってることでも行動に移そうとするのでしょうか。ここではダイエットを例に挙げて解説します。

なぜダイエットは失敗しやすいのか

ダイエットに成功する人、失敗する人がいますが、その違いは何だと思いますか？　基本的にダイエットは辛いものです。動物の本能の一つである「安全・安心の欲求」に則れば、ダイエットは成功しないのが基本です。辛いのだから、安心を確保することができないので当然の結果なのです。

このように、いけないと思っていてもついやってしまうのは、深層心理が安全・安心を欲するからなのです。前述した二度寝や深夜にお菓子を食べてしまうことも、その行動で安全・安心が得られるので、いけないと思いつつも、ついやってしまうのです。

人間の行動と、深層心理が深く結びついていることが、理解できたかと思います。ダイエットの話しに戻しますと、失敗する理由はわかりましたが、成功する人だっています。では、その人たちはどのように深層心理の欲求に打ち勝っているのでしょうか？

ダイエットを成功に導く意識の力

例えば、子供を出産したのにも関わらず、体型の変わらないママタレントさんがいますよね。産後すぐに出産以前の体型に戻しているのをテレビやネットのニュースなどで見たことのある方もいるかと思います。ダイエットが成功するように、ものすごく努力してるのは確かですが、先に説明した理由からすると、深層心理が辛いと思っているのに反することを実現するのはとても困難なはずです。

それでもなぜ実現することができるのかというと、人間は他の動物と違って、自分の意思で様々なことを行うことができるからです。ママタレントさんは、自分が注目されることに強烈な喜びを覚えます。それを出産した後も浴びたいのです。

動物はこんな風には考えないでしょう。人間だけが持つ、本能を超える強い意思の力とも呼べるもの。この力のおかげで、短期間でダイエットを成功させられるのです。

人間は自分の意思で様々なことを行えるといいましたが、前述した例のダイエットの成功は、意志の力だけではありません。無意識の協力も当然必要です。ただ、ダイエットは「安全・安心の欲求」に則ると辛いものなので、無意識はダイエットを嫌うと説明しました。ここに矛盾があるように思いますが、実はそうではないのです。

これは、深層心理の力を借りてダイエットを成功させているのです。しかし、深層心理をコントロールすることができるでしょうか？　普通はできません。意識できない領域だから、深層心理を、別名「無意識」といったりします。意識に対して無意識なのです。意識とはコントロールできる領域で、無意識はコントロールできない領域と一般的にいわれますが、NLPではこの無意識の領域を、意識的にコントロールすることで悩み事を解決に結びつけたり、願望を実現しやすくしたりするのです。

無意識の力を意識と同じ方向に向ける

意識と無意識、表層心理と深層心理の力関係ですが、この章の最初で述べたように、意識の領域は、無意識の領域よりも圧倒的に小さいのです。当然、力関係も意識のほうが弱いです。もし、意識と無意識が引っ張り合ったら、意識が勝てるわけがありません。ですが、意識と無意識の力の方向は、反対方向だけに作用するだけではありません。意識と反対方向に働く力もあれば、意識と同じ方向に働く力もあるのです。圧倒的に強い無意識の力を、意識の方向に向けたいなら、本能を超える強い意志を持つことが大切です。

ダイエットに成功した方は、たまたま意識の目的である「ダイエットを成功させる」という方向に、無意識の力を向けたから成功しただけなのです。

ようするに、動物としてはダイエットの辛さよりももっと強い、本能を超える強い意志を持つことで、無意識の力（強い安全安心の欲求）を味方につけること（意識と同じ方向に無意識の力を向けること）ができて、目標のダイエットが成功するのです（図1-7）。

ママタレントさんは、無意識の力を、意識と同じ方向に向けることができたから、ダイエットに成功したのですが、一般の方ならどうでしょうか。一つ例を挙げると、女性がダイエットに成功する場合では、人生のここ一番である結婚式を控えたときにダイエットに成功する方が多いのです。

［図1-7］深層心理で起きていること

ダイエットを成功させたい

ダイエットに
失敗する理由

安全安心の
欲求

- 節食がつらい
- 好きなだけ食べたい
- 運動がめんどくさい

通常は
安全安心の欲求で
こちらに
引っ張られる

ダイエットに
成功する理由

本能を越える
強い意志

- 前のようなプロポーションで
芸能界に復帰したい
- 結婚式で羨ましがられたい

人間だけが持つ
本能を越える
強い意志の力で
辛いことも可能になる

一般の女性は、結婚を一生一度の晴れ舞台と考えます。そのために自分の体に磨きをかけて、外見を美しく整えて、友人や周りの方々に羨ましがられたいのです。ママタレントさんが、スポットライトを浴びて、自己肯定感を得ることと同じといえるでしょう。それ程の強烈なエピソードでもなければ、深層心理の方向は、つらいダイエットを成功するという、安全安心の欲求を超えることはできません。これが深層心理の基本です。

ＮＬＰでは、深層心理にダイレクトにメッセージを届けることができます。ダイエットを成功させるために、ダイエットの重要度を上げることで、天秤に乗る重さを増やすことができるのです。

まとめ

深層心理は生き残ることしか考えない

人間の、どのような行動でも「安全安心の欲求」に基づいているのです。不快なものを避け、心地良い環境を手にしたい欲求である「快・痛みの原則」。理解不能なものを避け、持っている情報で何とか理解したいと思う欲求である「空白の原則」。一つのことに集中して、それ以外を排除してしまう欲求である「焦点化の原則」。すべては、自分自身が生き残るために必要だからです。

ですが、人間だけが持つ、本能を超える強い意志の力を味方につけたら、深層心理が望まないことでもできるようになります。そのために必要なのがNLPを利用ことなのです。

第2章

事実とイメージ

自分の価値観を通じて良いイメージを描く

そもそも価値って何ですか？

カウンセリングルームにて。主婦風の女性・鈴木さんが、セラピストの井上に相談をしに訪れた。

鈴木「すみません、予約していた鈴木ですけど……」

井上「鈴木さん、お待ちしてました。こちらにどうぞ。それでは早速ですが、どのようなご相談でしょうか？」

鈴木「よろしくお願いします。実は他の人からどう見られているか気になって仕方がないんです」

井上「はい、それって、外見のことでしょうか？　それとも行動とか、性格的なことでしょうか？」

鈴木「それならどちらも気になるのですが……」

井上「両方ですか？」

鈴木「でも、強いていえば性格とか行動に関することのほうが気になっちゃいます」

井上「そうですか、他の人ということですが、ご家族の視線も気になりますか？」

鈴木「家族は大丈夫なんですが、ママ友とか、ＰＴＡとかもそうなんですけど、身内以外の他人からどう思われているか気になっちゃうんです」

井上「そうですか、他人からの評価とかを気にしちゃいますか？」

鈴木「はい、なんかママ友から下に見られてるんじゃないかって思っちゃうんです」

井上「下ってどう言う意味で下だと思うのですか？」

鈴木「なんだか価値がない存在なんじゃないかって思われているんじゃないかと……」

井上「そうなんですか？　では、あなたの価値って、誰が決めるんですか？」

鈴木「そうですね……やっぱりＰＴＡとか、ママ友とか、他人が決めるんじゃないんですか？」

井上「それはちょっと悲しくないですか？」

鈴木「悲しいってどういうことですか？」

井上「自分のことを自分で決められないって、悲しくないですか？」

鈴木「えっ？　だって私の価値って、他の人がどう思うかなんじゃないのですか？」

井上「そんなことないですよ。だって、あなたにはあなたの素晴らしい価値があるんです。それは誰でも、等しく素晴らしい価値があるんです」

鈴木「そんなわけないじゃないですか、それじゃ、私と、総理大臣は同じ価値なんですか？　そんなわけないでしょう」

井上「いいえ、あなたも総理大臣も同じ価値ですよ。」

鈴木「えっ!?　それじゃ、私とハリウッドセレブも同じ価値なんですか？」

井上「はい、そうですよ、あなたも、総理大臣も、ハリウッドセレブも実はみんな同じ価値なんです。これからそれを証明していきますね」

事実に良いも悪いもない、ただ事実があるのみ

価値を決めているのは、実はあなたです

まずは、次のページの図2-1をご覧ください。この図は事実とイメージをわかりやすく解説しています。上にあるのが事実で、世の中のすべてがこれにあたります。すべてですから、人間（他人）も、あなた自身もこれに当たります。事実は、ただそこにあるだけなので、特別な価値はないのです。勘違いしないで欲しいのは、無価値なのではなく、特定の価値がないということです。

[図2-1] 物事の価値

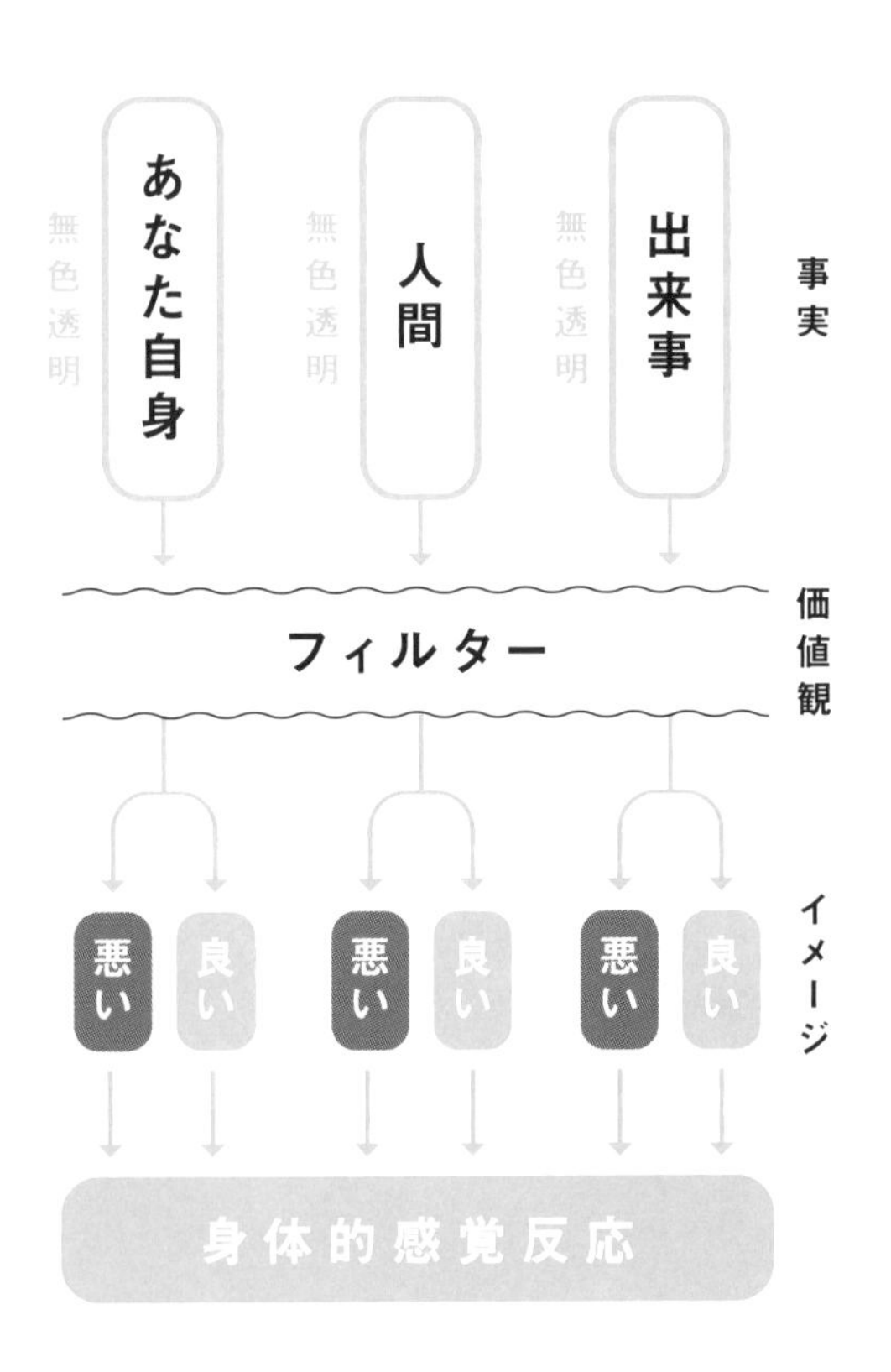
あなた自身
無色透明
人間
無色透明
出来事
無色透明
事実
フィルター
価値観
悪い
良い
悪い
良い
悪い
良い
イメージ
身体的感覚反応

例えば、ライオンとハイエナのどちらが価値が高いですか？　動物の価値って誰が決めるのでしょうか。世界動物会議でもあったのでしょうか。すべてノーです。動物は人間でも、ライオンでも、ハイエナでも、すべて等しく価値があります。それは生き物としての価値なのです。ライオンは百獣の王といわれていますが、それは人間が勝手に決めた価値です。

ライオンが「最近他の動物が俺のことを、うやまってくれない」と悩みますか？　それはありません。ライオンはただライオンとして存在しています。ハイエナが「みんなが俺のことを汚い動物だって、さげすむんだよな」と悩みますか？　それもありませんよね。ハイエナだって、ただ動物として存在しているだけなのです。

では、価値を決めるのは誰でしょうか？　動物の価値は動物が決めるわけではありません。世界動物会議があって、その会議で「ライオンをすべての動物の王様にしよう」と決めたわけじゃありませんし、「ハイエナはなんか汚いから、皆で村八分にしよう」と決まったわけではありません。

ただそこに存在するだけです。個体としても価値は、人間も、動物も、物質も等しく同じ価値なのですが、それを顕在意識は理解できません。例えば、ライオンとハイエナの価値ですが、動物としての価値はどちらも同じですが、商業的な価値は違ってきますよね。ライオンが主人公で、世界的にヒットした漫画、映画、舞台はありますが、ハイエナが主人公の作品を私は知りません。ライオンのぬいぐるみは売れるけれども、ハイエナのぬいぐるみは、ライオンに比べたら売れ行きが良くないことは、想像に難くありません。

ライオンとハイエナの商業的な価値は違っても、本質的な価値は同じだということはおわかりいただけたと思いますが、人間でも同じなのです。一部上場企業の社長と服役中の殺人犯。社会的、商業的には違ってきますが、人間の価値そのものに変わりはないのです。そこに気付いて欲しいのです。

人間の価値としては誰であろうと等しく同じです。このことはあなた自身にも関わってきます。他の人が同じ価値ならば、あなた自身も同じ価値なのです。誰か素晴らしい功績を達成した方を見て「すごい人だ！」と感心したとします。だからといって、自分と比較して卑下する必要はないのです。あなたには、あなたの価値があるのです。その価値は、素晴らしいと思った相手と、まったく同じ価値なのです。

動物の価値を、人間が決めるように、あなたの価値は他人が決めます。ですがそれは本当の価値ではなく、社会的、商業的な価値であって、あなた自身の本当の価値は、あなた自身が決めれば良いのです。

この価値とは、あなた自身が「存在するだけで素晴らしい」という価値なのです。事実はすべて等しく、存在するだけで素晴らしいのです。そのことを、ニュートラルベースNLPを実践している者は「無色透明」といいます。存在するだけで持っている「等しい価値」なのです。その事実に、あなた独自のフィルター(価値観)を通って、あなたにとっての価値が決まります。

モデルみたいな容姿が好きなフィルター(価値観)を持っている人が、美人を見たときに素敵だと思い、高い価値を持つかもしれませんが、同じ人物を見たとしても、容姿にまったく興味がないフィルターを持っている人だったら、特別に高い価値を持たないかもしれませんよね？　どちらが良い、悪いではなく、あなた自身が持っている価値観で判断すれば良いのです(図2-2)。そこに、正解も不正解もないのですから。

[図2-2] 価値の本質とは

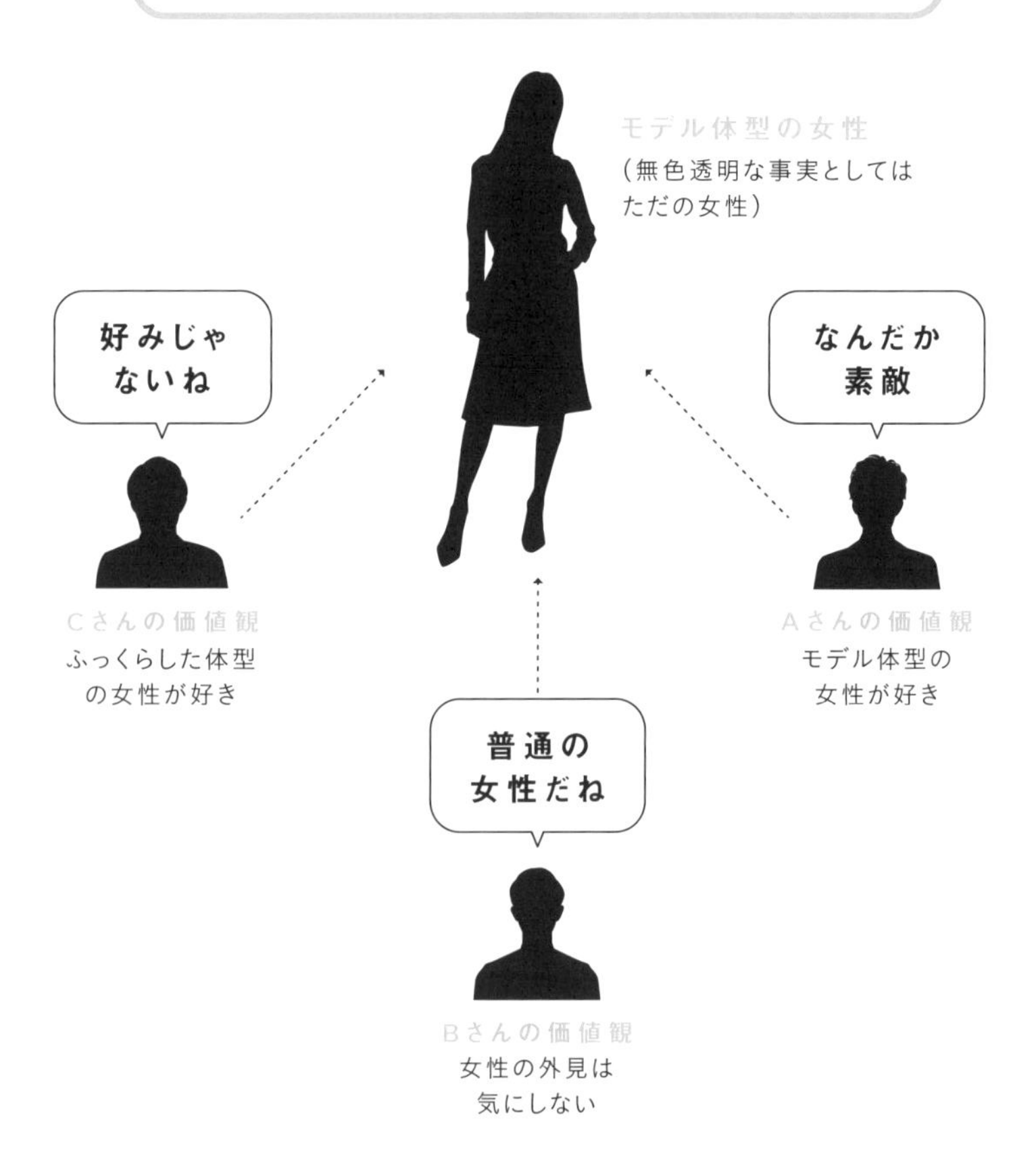
同じもの(事実)を見ても、
見る人の価値観(フィルター)を
通して見るので
受けるイメージは違います。
モデル体型の女性
(無色透明な事実としては
ただの女性)
好みじゃ
ないね
なんだか
素敵
Cさんの価値観
ふっくらした体型
の女性が好き
Aさんの価値観
モデル体型の
女性が好き
普通の
女性だね
Bさんの価値観
女性の外見は
気にしない

人はそれぞれ見え方や感じ方が違う

NLPの考え方の一つに「地図は領土ではない」いうのがあります。領土とは世界に一つだけのもので、あなたが住んでいる土地です。その領土を表す地図は色々なサイズや方式があって、地図は数多く存在するということです。ここでいう領土とは、先の図の事実のことです。事実とは唯一無二で、変わらないものですが、地図とはその領土にまつわるイメージのことです。イメージですから解釈の違いや、思い込み、勘違いなどによって本当の意味の事実ではない場合もあります。

イメージや思い込みで、その後の人間関係が大きく違ってくるのが第一印象です。初めて会っているわけですから、その人のことを何か知るはずがありません。ですが第一印象で「なんか嫌な人」「なんか良い人」って必ずいますよね？　それは過去にあなたが会ったことのある人と、何かが似ているので、第一印象という色眼鏡（フィルター）をかけた状態で見ているからです（図2-3）。

［図2-3］ 第一印象で良し悪しが起きるのはなぜか

良いイメージ

良い人だと思う理由

- 過去に良い思い出のある人に似ている
- 外見が好み
- 声が好き
- 良い香りがする

初めて会っているのだから、
良い人・悪い人は
わからないはず

悪いイメージ

悪い人だと思う理由

- 過去に嫌な思い出のある人に似ている
- 外見が嫌い
- 声が嫌い
- 嫌なにおいがする

第一印象で良い人、悪い人は、
過去の経験が価値観というフィルターを作り
そのフィルター越しに、はじめて会った人を見るから、
良い人、悪い人の感情（イメージ）を持つのです。

第一印象に引きずられるように、あなたはその人との関係性を構築していくかもしれません。第一印象が良い人の場合「なんかこの人は良い人だな」というフィルターでその人を見ます。そして反対もいるのです。その人は、実際に良い人か悪い人か、第一印象の段階ではわからないはずですよね？

初めて会った人に対する本当の事実は、「そこにその人が存在している」ということだけです。何か良さそうな人だなとか、なんか怖そうな人だなとか、勝手にフィルターをかけるのではなく、その人がそこにいると認識するだけで良いのです。しかし、実際には、そんなことができません。なぜならば人間は過去の経験や体験に紐付いたイメージを認識するからです。これは決して悪いことではありません。仕方ないことなのです。

仕方のないこともありますが、できるだけ余計な先入観というフィルター越しに見るのではなく、その人のこと、もしくはその事柄に対して、無色透明なイメージで接することが良いと私は思います。

脳には時間の感覚がない

脳はすべて現在と捉えてしまう

人間の五感は、基本的に今現在を感じています。だから五「感」といいます。では、過去や未来を感じることはできないのでしょうか？　過去のことを感じるのは「記憶」です。そして、未来のことを感じるのは「想像」です。過去は実際にあったことなので、記憶を思い返して、過去の経験として感じることができます。未来は、これから起こるかもしれないことを想像してみることです。このように過去も、未来も、感じることはできます。

しかし、過去の記憶を思い出したり、未来のことを想像して感じることができるのは、視覚と聴覚だけです。残りの触覚、味覚、嗅覚は過去として感じることができません。

例として「あなたが持っている肌着の中でいちばん肌触りが良い感触を思い出してください」といわれたら、色とか、大きさとかを思い出すことはできるでしょう。また、衣擦れの音を思い出すことはできるかもしれませんが、その肌着を手に取った柔らかさや、実際に着てみた肌感覚を思い出そうとしたら、できますか？　これはできないでしょう。柔らかい感覚を実感しているのは、今なのです。

未来のことを想像して感動したとします。例えば、ミュージシャンを目指している方が、東京ドームでコンサートを開くことをありありと想像した場合、ステージ上から数万人の観客が見えるかもしれないし、歓声を聞くこともできるかもしれません。そのとき、鳥肌が立つような感動をしたとします。では、実際に鳥肌が立つのはいつですか？　未来で鳥肌が立つわけではないですよね。鳥肌が立っているのは今なのです。このように、身体感覚は時間軸が存在しておらず、すべてが今と捉えています。

これは味覚でも同じことがいえます。目の前にとてもフレッシュなレモンがあると想像してください。それをガブリとかじった感覚を口の中いっぱいで味わってください。今、口の中に唾液がジュワッと出てきましたよね？　レモンの酸っぱさを知っていれば、それが口の中いっぱいに広がったらどうなるかも記憶しています。だから今、口の中が唾液でいっぱいになったのです。このように、身体感覚は時間の感覚がなく、感じているのは今なのです（図2-4）。

過去に起こった事実さえも変えることができる

「過去に起こった事実が変わるって？　それはないでしょう」そういう声が聞こえてきそうですね。これはNLP的にという話しです。実際の事実は変わりませんが、人間は実際に起こった事実に反応するのではなく、その事実にまつわるイメージに反応するのです。

「人生は思い込みでできている」というNLPのトレーナーさんもいらっしゃいます。そ

［図2-4］五感はすべて「今」感じている

	過去	現在	未来
視覚	見た物を思い出す	**外見を脳内で見るがそれを感じているのは今**	姿かたちを想像する
聴覚	聞いた音を思い出す	**音を脳内で聞くがそれを感じているのは今**	どんな音か想像する
触覚	触った感触を思い出す	**皮膚感覚を感じたり鳥肌が立つのは今**	肌触りを想像する
嗅覚	嗅いだにおいを思い出す	**においを感じるのは今**	においを想像する
味覚	食べた味を思い出す	**唾が出たり、味わうのは今**	味を想像する

未来を思い出したり、過去を想像することはできますが、
それを実際に感じることができるのは現在だけです。
美味しいものを思い出したとして、よだれが出るのは現在ですし、
ゾクゾクするような未来を想像して、鳥肌が立つのは現在です。

れは「思い込み＝イメージ」だからです。事実だけに反応するのは無理なのです。なぜならば、人間は事実そのものだけでなく、事実と、それにまつわるイメージをセットで記憶しているからです。さらにいうと、人間は、事実にまつわるイメージに対して反応しているのです。

起こってしまった事実そのものを変えることは、タイムマシンでもなければできませんが、起こってしまった事実にまつわるイメージだったらどうでしょうか？　イメージならば、頭の中だけなので、簡単に変えることができます。過去のイメージを変える説明の前に、人間にとって過去とは何でしょうか？　究極的にいってしまえば過去は記憶でしかありません。記憶の集合体があなたという人格を作っているのです。

過去の記憶でいうならば、楽しい記憶もあれば、辛い記憶もありますよね？　ここでは辛い記憶についてお話したいと思います。

例えば失恋ですが、終わりのない恋愛は存在しません。恋愛の終わり方を定義づけするならば、一つは失恋ですし、もう一つは死別です。恋愛期間を経て、心変わりをしたり、何かの事情で恋愛関係を終結させるのが失恋です。もう一つの死別は、そのものズバリ、どちらかが亡くなってしまった場合です。ただＮＬＰ的にいうと、どちらも深層心理では「二度と会うことができない＝死別と同じ」なのです。

大切なパートナーに二度と会えないのは、とても辛いことです。失恋の辛さとは「もしかしたら訪れたかもしれない幸福を手にできなかった」ことが本質です。失恋の定義はパートナーとの別れか、告白してふられることです。このどちらも、自分の手からこぼれ落ちた楽しい未来に対しての執着です。

その執着を解消しようと思ったら「新しく手にできるかもしれない未来」の可能性を見つけることです。恋愛に関して、男性は別名保存で、女性は上書き保存だと、恋愛マニュアル本などでいわれていますが、深層心理の機能でいえば、男女に関係なく、記憶は上書き保存ですから、新しい恋愛をすることで、可能性の上書き保存ができます。

過去に起こった出来事を変えることはできませんが、現在でどう思うか、どう考えるかで、過去のイメージの辛さなどの感情を緩和させることができるのです。

深層心理を使って理想の未来を作ろう

未来は決まっていると思いますか？　それとも自由に切り開くことができると思いますか？　未来は「未だ来ない」という意味ですから、決まっていないことを表します。ですが、未来はすでに決まっていて、時間がくるのを待っているだけという考えの方もいらっしゃいます。

私は現実主義ですので、未来が決まっているなんて信じません。ですが、NLP的にならば、未来は作り出すことは可能です。NLPの考えの中に「その人にとっての事実とは、リアルな事実ではなく、その人が思い描いたことが事実である」というのがあります。この考え方に則れば、自分にとって素晴らしい理想の未来を想像するだけで、その人にとっての、事実上の未来を作り出すことができるのです。

例えば、イメージトレーニングがそうなのですが、それをこれから説明していきます。

イメージを使ってできること

脳の機能として、時間の感覚がないと先に述べましたが、それを使って成功体験をしてしまうのがイメージトレーニングなのです。実体験をすることが望ましいのは、当たり前ですが、それと同じ効果があるのが「実的体験状態のイメージトレーニング」です。

イメージ力をフルに使ってこそ、究極のイメージトレーニングができる

スポーツ選手にとって、ベストな状態で試合に臨むのは当たり前のことです。これはタレントやビジネスマンであっても同じことでしょう。試合はもちろんのこと、ビジネスマンであればプレゼンテーションなど、本番にベストな状態で臨むために必要なのは、練習

をしっかり積むことです。では、練習をせずにぶっつけ本番で臨む場合と、10回本番と同様の練習を積んでから臨む場合、どちらが失敗せずに、成功しやすいでしょうか？　考えるまでもありませんよね？　当然ですが、練習を10回やってからのほうが成功する確率が高いでしょう。

例えば、あなたがボクシングの選手だったとしましょう。相手はあなたのことを、文字通り、死に物狂いで倒しにきます。当然あなたも死に物狂いで相手を倒しにいきます。果たして、そんな精神状態で冷静に戦うことができるでしょうか？　頭に血がのぼって冷静な判断もできないかも知れませんし、普段の力を十分発揮することもできないかもしれません。ですが、もし試合とまったく同じ状況で練習をすることができたらどうでしょう。100％とはいえませんが、イメージの力を使えば、試合と同じ相手、同じ状況を作り出すことはできるのです。

そのためには、相手の細部にわたる情報が必要です。相手の身長、体重、身体的特徴、得意な技、身体の使い方などです。それをありありと想像しながら、相手が目の前にいると思い浮かべ、戦うのです。当然勝つかもしれませんし、負けるかもしれません。何回も何回も相手と戦うことで、相手をより正確に想像できるようになるのです。

これこそが実的体験をする状態なのです。この状態でイメージトレーニングをすれば、脳は、本当にボクシングの試合をしていると勘違いします。この状態までイメージを高めて、シャドーボクシングをやれば、試合と同じ体験をしたと、脳は理解（錯覚）してしまいます。

これは、私のＮＬＰの師匠である木下山多氏の受け売りですが、空手の有段者でもある木下氏曰く、「本物のイメージトレーニングをやると、内臓にもダメージが残る」のだそうです。私は空手を知りませんが、もし、そのようなトレーニング方法があるとしたらどうでしょうか。

ボクサーの場合

プロボクサーは1試合終わるたびに試合巧者になるといいます。1試合ごとに経験値が積み重なるということです。だとしたら、イメージトレーニングで行われる試合さながら

[図2-5] 相手がいる場合のイメージトレーニング例

まず、対戦相手の詳細を
リアリティをもってイメージする

イメージトレーニングをやる意味

- 対戦相手のウィークポイントを見つけられる
- 攻略法が見つかる
- 戦術を立てやすくなる
- たとえ1回で良いイメージができなかったとしても
  何度でも繰り返すことができる

の練習は絶大な効果をもたらすでしょう。例に挙げたボクシングならば3分1ラウンド、戦うラウンド数をイメージし、そのイメージの中で相手を倒すまで続けるのです。それができるようになったら、実際の試合は、予行演習を行ったような感覚で戦うことができるのです（図2-5）。

前出のように対戦相手を、ありありとイメージして戦いをシミュレーションするのが、本物のイメージトレーニングであり、それこそが、本物のシャドーボクシングの意味といえるでしょう。

レーシングドライバーの場合

もう一つ例を挙げますと、これはとあるレーシングドライバーに、私が行ったイメージトレーニングの方法です。その方は日本でもトップに近いカテゴリーのフォーミュラーカー（F1みたいなレーシングカーです）で戦っているレーシングドライバーです。

レースの世界は、お金がかかります。市販車と違い、一台のマシンのために、膨大な開発費や材料代がかかるからです。それと、実際にマシンを走らせる練習にも高い金額がかかります。ちなみに日本の有名なサーキットである富士スピードウェイを1時間貸し切っただけで、80万円以上もかかります。このように、モータースポーツはとにかくお金がかかるので、お金をかけずにできるトレーニングがあれば、経済的にとても助かるのです。

私が行ったイメージトレーニングは、実際にレースで着用しているレーシングスーツ、グローブ、シューズを身に着けてもらい、コックピットに座っている状態と同じような姿勢で座って、サーキットを走っているときのことを、五感を使って思い出してもらいました。実際にレースをやるような状態で、アクセルを踏み、ハンドルを握って、イメージの中でマシンを走らせるのです。

経験を積むと、マシンの動きによるG（重力）を感じることもできるようになり、イメージの中で走り方の修正もできるようになるのです。そして、その方は、イメージの中で走ったタイムと、実際のタイムがだんだん一致するようになり、イメージの中のマシンのセッティング（スプリングの強さや、ウイングの角度などの調整）もできるようになりました。イメージの中で変えたセッティングで実際に走ってみると、コンピューターでしっかりとシミュレーションを行ったように合ってくるというのです（図2-6）。

［図2-6］一人の場合のイメージトレーニング例

まず、対戦相手の詳細を
リアリティをもってイメージする

イメージトレーニングをやる意味

- ライバルのミスを見つけやすくなる
- セッティングの改善点を見つけやすくなる
- レース戦略を立てやすくなる
- たとえ1回で良いイメージができなかったとしても何度でも繰り返すことができる

この方は、レース経験が豊富なベテランレーサーですので、イメージするための経験が豊富でした。しかし、彼が特別だから、究極のイメージトレーニングができたのではありません。一般のビジネスマンの方だってイメージ力を使ってリアリティのあるイメージトレーニングはできるようになります。

例えば、人前で何か発表をするときに緊張してしまうとします。その場合、発表する場所を、リアルに思い浮かべます。リアルにとは、その状況に出席すると思われる方々が席についているところも含めてです。その状況に、あたかも自分がいるようにリアリティをもって、イメージトレーニングをやってみるのです。その状況で、何が見えるのか、何が聞こえるのか、何を感じているのか、をです。そうすれば、練習の段階で本番を何回もやったように本番に臨めるようになるのです。

未来に起こる失敗を事前に修正してしまう「未来ペーシング」

イメージトレーニングのおさらいですが、これを行うことは、未来を予測して、そのことが次の機会に自分でできるかどうかを判断することです。未来予測をして、できると思えたらできますし、できないと思えたらできません。それは深層心理にとっては、今起こっていることも、過去に起こったことも、未来に起こるであろうことも、同じだと思うという、錯覚が起きるからです。

しかし、未来に起こる失敗を事前に防ぐことができる方法があるのです。それを「未来ページング」というのですが、これからそれについて説明していきます。

まず、「ページング」とは、対人関係を円滑に行うNLPのスキルの一つで、基本的に自分と他の人とペースを合わせて信頼関係を構築することにもなります。ですが、「未来ページング」とは、未来の自分と、今の自分のペースを合わせて、未来で起きたときに実現可能かどうかをイメージすることです。

未来ページングは、イメージトレーニングのやり方と同様に、イメージしてみて無理だと思ったら、改善点を見つけ出して、もう一度イメージトレーニングをするのです。何回も何回もやっていれば、いずれ未来で本当にできると思えるときがきます。

未来に起こるかもしれない失敗の欠点を事前に見つけ出し、改善することは、いわば、未来を修正するということでもあります。スポーツ選手が勝てるイメージができるまでイメージトレーニングをやる。ビジネスマンが人前で発表をするときに失敗しなくなるまでイメージトレーニングをやる。どちらも本質は同じなのです。

なお、イメージトレーニングの良さとして、状況を変えることができます。ビジネスマンが人前で発表をするときのイメージトレーニングで、発表する会場が会社の会議室だとしても、発表を行う場所をイメージの中で、大ホールに変えても良いですし、出席している役員さんの数をもっと増やしても良いですし、聞いている人がノリノリで前のめりにしても良いでしょう。イメージの中なので、自由自在に数を増やしたり、会場を変えたり、聴衆の態度等を変えたりすることが簡単にできるのです（図2-7）。

［図2-7］未来ペーシングは、未来を先取ることができるトレーニング

ボクシングのイメージトレーニング

まず、対戦相手の詳細を リアリティをもってイメージする

イメージの例
- 身長
- 体重
- スタイル
- 戦い方の癖
- 体力 etc

イメージトレーニングをやる意味

- 対戦相手のウィークポイントを見つけられる
- 攻略法が見つかる
- 戦術を立てやすくなる
- たとえ1回で良いイメージができなかったとしても何度でも繰り返すことができる

自動車レースのイメージトレーニング

まず、対戦相手の詳細を リアリティをもってイメージする

イメージの例
- コースレイアウト
- 気温、湿度
- パーツ、セッティング
- そのときの自分の状態 etc

イメージトレーニングをやる意味

- ライバルのミスを見つけやすくなる
- セッティングの改善点を見つけやすくなる
- レース戦略を立てやすくなる
- たとえ1回で良いイメージができなかったとしても何度でも繰り返すことができる

一人の場合でも、相手がいる場合でも
リアリティをもってイメージトレーニングをすると、
脳内では想像ではなく、事実として起こっていると錯覚します。
また、あくまでもイメージなので、本番の環境を変えることも、
登場人物を変えることもできますし、何度でも繰り返すことができます。
イメージの中で目標を達成することができたら、
脳は成功への方法を体験したと捉えます。

まとめ

「事実」とは唯一無二の存在で、「イメージ」は勝手な思い込み

「事実」とは世の中にたった一つの存在で、「イメージ」とは、あなたが自由に変えることができる空想のことです。実は、悩み事の多くは事実ではなく、事実に基づくイメージが原因の場合が大半なのです。

イメージは自由に変更できますので、あなたが悩みだと思っていることの大半は、変更可能ということになります。

悩んでしまうイメージを、悩まないようなイメージに変更すれば、自分のイメージ力で悩みが解決できるようになるのです。

第3章

主観と客観

物事を捉える
視点を変えて
自分を見つめ直す

寝不足を解消できますか？

とあるカウンセリングルームにて。大学生風の男性・田中さんが、セラピストの井上に相談をしに訪れた。

田中「すみません、予約していた田中ですけど……」

井上「田中さん、お待ちしてました。こちらにどうぞ。それでは早速ですが、どのようなご相談でしょうか？」

田中「実はちょっと寝不足気味なんです」

井上「寝不足なんですか……それはおつらいですよね、まったく眠れないんですか？」

田中「そういうわけではないんです。寝つきはそれほど悪いわけじゃないんですが、夜中に、目が覚めちゃうんです」

井上「夜中に目が覚めるということですが、それはどんな感じですか？　例えば、急にガバッと起きてしまう感じでしょうか？」

田中「はい、そうですね。ハッと目が覚める感じです」

井上「そうなのですね。睡眠不足もあると思いますが、それ以上に、心がビックリしませんか？」

田中「はい、そうでうね。もうビックリして目が覚めますから、心に良くないです」

井上「そうですよね……そんな状況でしたら、睡眠不足も深刻ですよね？」

田中「はい、慢性的に寝不足気味です」

井上「寝不足だと、どんな困りごとがありますか？」

田中「授業中、眠くて仕方ないんです。それで授業についていけなくて、単位を落としそうなんです」

井上「そうですか、それは困りますね。では、目が覚めてしまう原因って何か思い当たりますか？」

田中「はい、悪夢をよく見ます。それで目が覚めるんです」

井上「悪夢を見るんですか？　それはつらいですよね。ところで、どのような悪夢なんでしょうか?」

田中「はい、僕が殺される夢なんです」

井上「ご自身が殺される夢ですか。それは目が覚めても仕方ないですね」

田中「はい、すごく恐ろしいんです」

井上「それではお伺いしますが、ご自身が殺されるとして、自分の目で見て、自身の身体の感覚で殺されるのか。それとも、登場人物としてご自身が登場して殺されますか?」

田中「どちらもありますが、自分の目で見ている状況のほうが多いですね」

井上「それは本当に恐ろしいですね。夢の中で自分が殺されるのですから」

田中「だから悪夢を見ないようにしたいのですが、できますか?」

井上「うーん、悪夢を見ないようにするということはできないのですよ」

田中「そうですか……やっぱり無理ですか」

井上「見ないようにすることはできませんが、悪夢の怖さを和らげることはできますよ」

田中「どうやるんですか?」

井上「これから説明していきますね」

人間は主観と客観の2つの視点で物事を見ることができる

主観と客観の概要につきましては基礎編（24ページ）で説明したとおり、主観は、自分の目で見て感じている状態。客観は、第三者の目線で自分を捉えている状態のことを指します。基本的な考え方はこちらで問題ないのですが、ここではさらにNLP的な考え方を解説していきます。

自分の目で夢を見るか、自分が出る夢を見るか

手に右利き・左利きがあるように、脳の記憶にも癖があって、アソシエイトタイプ・ディソシエイトタイプというものがあります。アソシエイトは、主観的に物事を捉えてい

たり、記憶をしていたりします。それに対してディソシエイトは、客観的に物事を捉えていたり、記憶をしていたりします。

アソシエイトとは自己同一化といって、記憶をするときに、その記憶と自分自身が一つになっている状態のことです。その反対がディソシエイトといって、脱自己同一化のことで、記憶と自分が別々の状態（分離体験）のことをいいます。

ちょっと難しいですね、もう少しわかりやすく説明します。あなたは夢を見ますか？夢といっても将来何になりたいという夢でなく、単純に寝ている間に見る夢です。夢は、脳が起きている間に起こったこと（記憶）の整理整頓の作業中に、感覚として見えるものといわれています。実はこの夢の見え方の違いで、あなたの利き感覚が、主観的か、客観的なのかがわかります。

それは、自分の目で夢を見ている状態（主観）か、自分が登場人物として存在する映画を見ている状態（客観）かです。自分の目で見る夢とは、まさに自分の目で見て、耳で聞き、身体で感じています。その状態のことを主観、反対に、自分が登場人物として存在するのが客観です。主観は自分自身の立場で、客観は第三者の立場ともいえます（図3-1）。

[図3-1] 主観で見る、客観で見るとは

主観で見ている
[アソシエイト]

自分が登場人物として
出てこない

客観で見ている
[ディソシエイト]

自分が登場人物として
出てくる

さらにわかりやすくいえば、テレビゲームの『電車でGO』を運転席で、運転手の目線でコントロールするのが主観で、『スーパーマリオ』でマリオを操作するのは客観です。自分で電車を運転するシミュレーションゲームは臨場感がありますし、登場キャラクターをコントロールするゲームならば状況把握がしやすいですよね？

記憶の仕方ですが、主観の記憶では、自分が見聞きして感じている状態なので臨場感があり、まるで今、その体験をしているかのように思い出す記憶の方法です。それに対して客観の記憶は、自分と記憶が分離されているので、主観的な臨場感はありますが、少ないです。自分がその場面に登場しているので、広い視野で見ることができ、分析したり、コントロールしたりできるのです。

夢の見え方の話しに戻しますと、主観的に夢を見るとき、例えばそれが悪夢で自分が殺される夢だったら、自分が悪夢の登場人物として、恐ろしい目に合っているという夢の見え方なのです。当然自分の目で見て、耳で聞いて、身体で感じる恐怖なので、恐ろしい体験になります。

それに対して、客観的な夢の見方では、まったく同じ悪夢を見たとしても、殺されているのは自分自身ではなくて、自分が殺される「自分自身が主演」の映画を見ているような感覚になります。主観的な夢は脳内で、いま本当に怖い体験をしていると認識します。客観的な夢は、怖いと思いながらも、客観的で冷静に判断分析ができるのです。

主観と客観は切り替え可能

これらの記憶の仕組みは通常、潜在意識（＝深層心理）の領域にあります。深層心理の章（31ページ）で解説したとおり、基本的に潜在意識は、顕在意識（＝表層心理）と違って自分でコントロールすることができないのですが、例外が存在します。主観と客観の考え方を駆使することで意図的に変更することが可能なのです。つまり、客観で記憶されているデータ（思い出）を主観に変更したり、逆に、主観で記憶されているデータを客観に変更したりすることもできるのです。まるで映画監督になったつもりで、頭の中の記憶を主観と客観、好きなように切り替えればいいのです。

ガッツリとのめり込んでいる「主観」

視点が主観的か、客観的かということで、アソシエイトとディソシエイトを説明してきましたが、実は、視点以外にも主観と客観があるのです。それは、あなたが強く思い入れを持っている感情が主観、持っていないのが客観なのです（図3-2）。まずは主観について解説していきます。

阪神ファンは阪神と一体化している

強く思い入れを持っている感情が主観ということですが、ここでは、プロ野球の熱狂的な阪神タイガースファンを例に挙げて説明していきます。

熱狂的な阪神ファンは、阪神と自分自身が一体化しているため、主観的といえます。阪

[図3-2] 主観・客観の比較

主観・客観の比較

主観 [アソシエイト]

視点	主観的
思い入れ	執着している

客観 [ディソシエイト]

視点	客観的
思い入れ	執着していない

神が試合に勝てば、自分と阪神が一体化しているので、自分が勝利したように喜び、負ければ我が身が引き裂かれたように悲しみます。これは、阪神の勝敗が自分の人生そのもののように感じるほど、自分にとって大切なものだからでしょう。これがプロ野球にそれほど興味がない人ならば、野球の勝敗は時節の挨拶ぐらいにしか感じません。

この例のように、人は何かに対して一体化していることがよく見られます。多くは生まれ育った地域や出身校など、その人が大切に思っている部分と一体化しています。例えば、取引先の方と地元が同じだとしたら、一気に親近感が湧くかと思います。地元に対して一体化しているので、自分と同じところを見つけると嬉しくなるのです。このような生まれ育った地域や出身校などの例ならば、自分との共通項を見つけられたりして楽しくなるのですが、悪影響を及ぼすものに対して一体化してしまうと厄介です。その代表例が「悩み」です。

NLPを用いたセラピーを行うとき、大半のクライアントさんは「悩み」と「自分自身」が一体化しています。「悩み＝自分自身」となっているのです。悩みと自分自身が一つの状態では、深層心理は悩みを手離してくれません。もし、その状態で悩みを手放してしまったら、深層心理は自分自身を失ってしまうと思うからです。主観的になると、そのくらい結びつきが強いです。根底から悩みを解決するならば、悩みと自分自身を分離させなければ悩みは解決できません。深層心理に「悩みを手放してもあなたは消滅しません」ということを理解させる必要があるのです。そのためにやる方法が、自分自身に対する質問です。これをすることで悩みを客観的に捉えることができ、解決できるのです（図3-3）。

あなたが悩みだと思ってしまったことは
何でしたか？

はじめに（2ページ）に書いた「あなたの悩みはなんですか？」という質問がダメな理由がここにあります。この質問をしてしまうと、「あなた」に当たる自分自身と「悩みはなんですか？」にあたる「悩み」が、一体化している状態だと深層心理が思い込んでしまいます。それだけではなく、深層心理はこの質問をされることで、一体化した状態をさらに強固なものにしてしまうのです。「自分と悩みは一つなんだ」と深層心理は強く再確認

[図3-3] 主観から客観に捉え直す利点

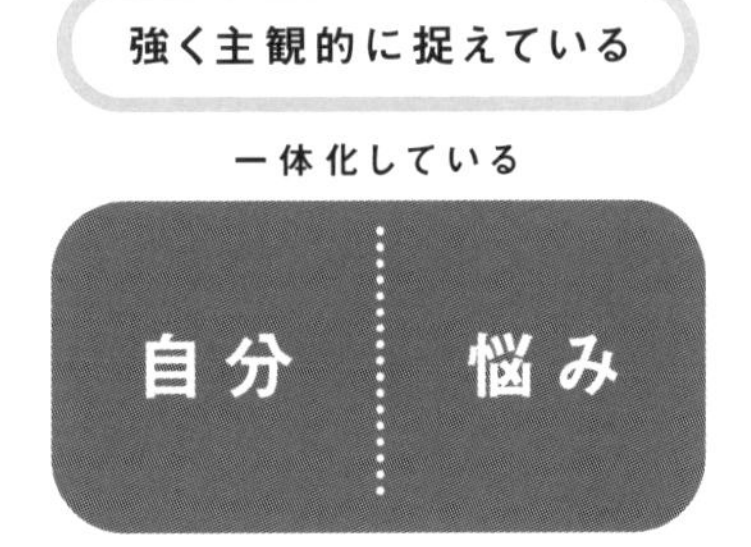

悩み解決の
アプローチが利かない

悩みを解決しようとしても「自分＝悩み」と一体化して
しまっているので、悩みを消し去ると自分まで消滅すると
深層心理は捉えてしまい悩みを手放してくれない。

悩みを解決するなら
主観的から客観的に
変更する

客観的に捉え直す

分離している

自分　悩み

悩み解決の
アプローチが利く

「自分」と「悩み」が分離して別の存在となっているので、
悩みを手放しても自分の存在は消えないと、深層心理は
理解することができ、悩みを手放すことができる。

してしまうのです。

深層心理は、生存することしか考えていませんので、悩みと自分自身が一体化した状態だったらどうなるでしょうか？　生存することしか考えないのですから、「悩み」と「自分自身」が一つになっていれば、自分の存在を脅かすような真似はしないのです。

つまり、セラピストが「あなたの悩みはなんですか？」と質問をしたら、深層心理は悩みと自分自身が一体化しているので、悩みを手放してしまうと、自分自身が消滅することとイコールになってしまいますから、悩みを絶対に手放してくれないのです。

私がクライアントさんに声をかけるときは「あなたが悩みだと思ってしまったことは、なんでしたか？」と聞きます。なんだかまわりくどい、わかりづらい聞き方ですよね？　ですが、この質問の方法こそが「NLP的なアプローチ」なのです。

この質問を分解すると、「あなたが『悩みだと思ってしまったこと』は『なんでしたか？』」と2ブロックに分かれます。最初のブロックは「あなたの悩み」ではなく「あなたが悩みだと思ってしまったこと」ということで、その悩みは事実ではなく、思い込みであるというメッセージを深層心理に落とし込んでいます。そして「なんですか」ではなく

「なんでしたか」と過去形で聞くことにより、その悩みはもう終わったんだと、深層心理にメッセージを入れ、理解させているのです。

この形式の質問をした場合の答え方を「私が悩みだと思ってしまったことは○○でした」と答えていただきます。この質問と答えを3回やっていると、クライアントさんの深層心理が悩みを手放しやすくなって、自ら悩みを解決できる脳の体質が作れるのです。

セラピーでのこの質問と答えだけで、悩みの50%は解消したという方が多いのです。これぐらい、悩みと自分自身が一体化している状態が悩みを強くしたり、解決を阻んだりしているのです（図3-4）。

主観＝悪いことではない

悩みの解決方法を説明していると、なんだか主観が悪いもののように思えてしまうかもしれません。しかし、そんなことはないのです。主観的に感じることで、とても素晴らしい体験になることだってあります。楽しいことや嬉しいことは、臨場感を持って追体感することで、より楽しさや嬉しさが増すでしょう。

[図3-4] 悩みを手放しやすくなる質問

「あなたの悩みはなんですか?」と
「あなたが悩みだと思ってしまったことはなんでしたか?」の違い

手放しやすい質問	あなた	の	悩み		は	なんですか?
手放しにくい質問	あなた	が	悩み	だと思ってしまったこと	は	なんでしたか?
		主観と客観		思い込みかなと思う		もう終わったこと

「あなたの悩み」はなんですか?

「あなたの悩み」だと、
あなたと悩みが一つの存在だと脳は思います。
すると、悩みを手放すことができません。
なぜなら、悩みと自分が一つなら、悩みを手放すと、
自分の存在も消えてしまうと思ってしまうからです。

「あなた」が「悩みだ」と思ってしまったことはなんでしたか?

「悩みだと思ってしまったこと」になると
「悩み」だけにフォーカスすのではなくて
「だと思ってしまったこと」にもフォーカスが当たります。
すると、自分と悩みは別の存在かもしれないという
選択肢ができて、「悩みを手放しても、自分自身を
脅かさないのかもしれない」と脳は理解してくれます。
そして「なんでしたか?」という過去形で質問しているので、
悩みがもう終わったことという前提を入れ、
さらに手放しやすくなるのです。

例えば、昇級した、宝くじが当たった、誕生日プレゼントに欲しいものを貰ったなどは、客観的に見ると、自分という人が昇級した、宝くじが当たったと、ただ単に楽しかった・嬉しかった事実を確認するだけのものになってしまいますが、これを主観的に捉えてみると、その場の雰囲気ごと臨場感たっぷりに感じ取ることができるので、客観的に見るよりもずっと幸せに感じるはずです。

このように、楽しいことなど、自分を幸せにしてくれる感情は、主観的に捉えるようにすることで、より充実した人生を送れることでしょう。逆に、辛いことは客観的に捉えることで、その出来事に入れ込むことなく、状況を確認する程度で済みます。そうすれば、心に負うダメージも軽減されます。客観につきましては、次の項目から説明していきます。

一歩引いて冷静な目で見られる「客観」

これまで、主観的な感情の思い入れについてお話してきましたが、主観の対極にある客観についても説明していきます。客観的な感情は、思い入れの対極なので、冷静な感情になります。今の状況から一歩引いて見られることで、俯瞰的に全体像を捉えやすく、状況分析がしやすくなります。

客観視は、第三者の視点で見ればいい

「主観（アソシエイト）」については理解できたかと思いますが、これに対するものとして「客観（ディソシエイト）」があります。すでに説明しましたが、おさらいします。主観は、自分の目で見て感じている状態。客観は、自分のことを見ている状態といいました。言い

換えれば、客観は第三者の視点で、自分を見ている状態のことを指します。第三者の視点といわれても、普段の私たちは自分自身の視点で生活しているので、なかなかピンとこないかもしれません。そこで次から、客観（ディソシエイト）についてより詳しく解説していきます。主観と同じく、難しいことはありません。

第三者の視点とは

四字熟語に「傍目八目（おかめはちもく）」というものがあります。意味としては、当事者よりも第三者のほうが周りの状況を把握して、正しく判断できることです。元々は、囲碁からきた言葉です。碁をやっている二人を、傍から見ていると、実際に打っている人よりも、八手先まで見ることができるという意味です。

この場合、二人とも囲碁の勝負に熱中しているので、周りが見えていません。目の前の碁盤だけを熱中して見ています。それに対して、傍から見ている人は、冷静な視点で碁盤を見ています。この碁盤の見方が客観的に見るということになります。

客観的に（第三者の視点で）見るという意味は、傍目八目のように、俯瞰で物事を捉えるということです。熱中して囲碁を打っている当事者本人が、同時に傍で見ている人の視点で状況判断ができて、はじめて客観視を手にすることができたということになります。

客観的に捉えられる状態を知ろう

主観の解説ところで、熱狂的な阪神タイガースファンを例に出しましたが、ここでも違った視点で、この例から説明します。阪神タイガースが試合で負けてしまったとします。そうすると熱狂的な阪神ファンは、自分自身が否定されたように感じてしまいます。阪神と自分自身が一体化している状態だからです。

それに対して、野球にそれほど興味もなく、阪神ファンでもない人が、阪神の試合の結果を知ったときには「ふ〜ん、そうなんだ」と思うくらいでしょう。では、これが客観的でいる状態でしょうか？

確かに野球に関心がある阪神ファンの人と、野球に興味もなく阪神ファンでもない人は反対の立場にいるので、後者の人は客観しているように思えるかもしれませんが、そうではありません。熱狂的な阪神ファンの人が、阪神の負けた試合を酒の肴に居酒屋でワイワイやっていたりしますよね。

このときに、選手の起用はこうだったのではないか、あの場面はバントをするべきではないなどと、一人ひとりが解説者になったように話している場面を想像できるかと思いますが、この場面が客観的でいる状態なのです。阪神の負け試合を知ったときに一喜一憂している状態が主観で、この場面のように まるで解説者のように冷静な判断で考えられる状態が客観なのです。つまり、客観と無関心は別物だということです（図3-5）。

没入しない捉え方のほうが、冷静な判断ができる

この例のように、一つの出来事を冷静に見ることができる状態が、客観なのです。この状態をもう少しわかりやすくしますと、次のとおりです。

自分の目の前にイスがあるとします。これを顔の目の前まで持ってくると、イスの一部しか見ることができません。イスそのものしか視界に入らない「没入した」状態です。阪

［図3-5］客観と無関心はまったくの別物

野球に関心がある

主観的に捉えている

臨場感がある：一体化している

阪神と一体化しているので、
選手や監督などと同じ目線に
なってしまい、勝敗に
一喜一憂をしてしまう

選手・監督・球団関係者
のようなもの

客観的に捉えている

第三者視点：分離している

客観的でいることは、
その場にいても
一歩引いているので
分析しやすい

野球解説者のようなもの

野球に無関心

興味がないので
どうでもいい

自分にとって興味がないので、
結果がどうなろうと、
どうでもいいと思っている

野球に興味がない人

神ファンで言い換えれば、阪神というチームのことで頭がいっぱいの状態です。では、このイスから一歩離れて見るとどうでしょうか？　イスの全体像を把握することができますが、イスの周りの環境も見えてくるでしょう。この状態を阪神ファンで例えると、解説者になったように客観的に判断できる状態です。客観とはイスの例のように、一歩引いた目線で見るということなのです。

客観とは一歩引いた目線のことですから、たとえ何か失敗したとき、叱られたとしても、冷静な判断をすることができて、しっかりと反省し、その後の成長につなげることができるのです。主観で捉えていたら、このような感じにはならないでしょう。また、主観で捉えていると叱られたことに対してショックを受け、落ち込んでしまうかもしれませんが、客観の場合ですと、没入していませんので、叱られたことを感情的にならず、事実として受け止めやすいので、精神的にも楽になり、問題の解決ができるのです。

主観と客観のメリット・デメリット

これまで、主観と客観について解説してきましたが、少々複雑になってしまっているかもしれないので、ここで両者のメリットとデメリットについて簡単にまとめます。

主観は臨場感があるけれども、周りが見えにくくなります。それに対して、客観は第三者の視点で、冷静に観察できるけれども、自分ごととして楽しむことができにくくなります（図3-6）。

[図3-6] 主観・客観のメリット・デメリット

主観・客観の比較

アソシエイト

視点	主観的
メリット	臨場感がある
デメリット	周りが見えない

ディソシエイト

視点	客観的
メリット	冷静に観察できる
デメリット	自分ごととして楽しめない

より良い記憶を残すための、主観と客観の切替方法

「客観的に自分を見ることで、自分の改善点、伸び代に気づくことができ、さらなる成長につながる」と、スポーツ選手のインタビューやビジネス書などで見たことはありませんか？　確かに自分自身の視点以外で見ることができたら、何か得るものがあるかもしれませんよね。

しかし、普段の私たちは、主観的に物事を捉えています。そんな生活を送ってきているのに、客観的に見ることができるのでしょうか？　実はできるのです。NLPの考え方を理解することでできるようになります。この方法は、実際に私がクライアントさんに対して行っているセラピーや、NLPの講座で、アソシエイトとディソシエイトのトレーニングをやるときに使っていますので、お伝えいたします（図3-7）。

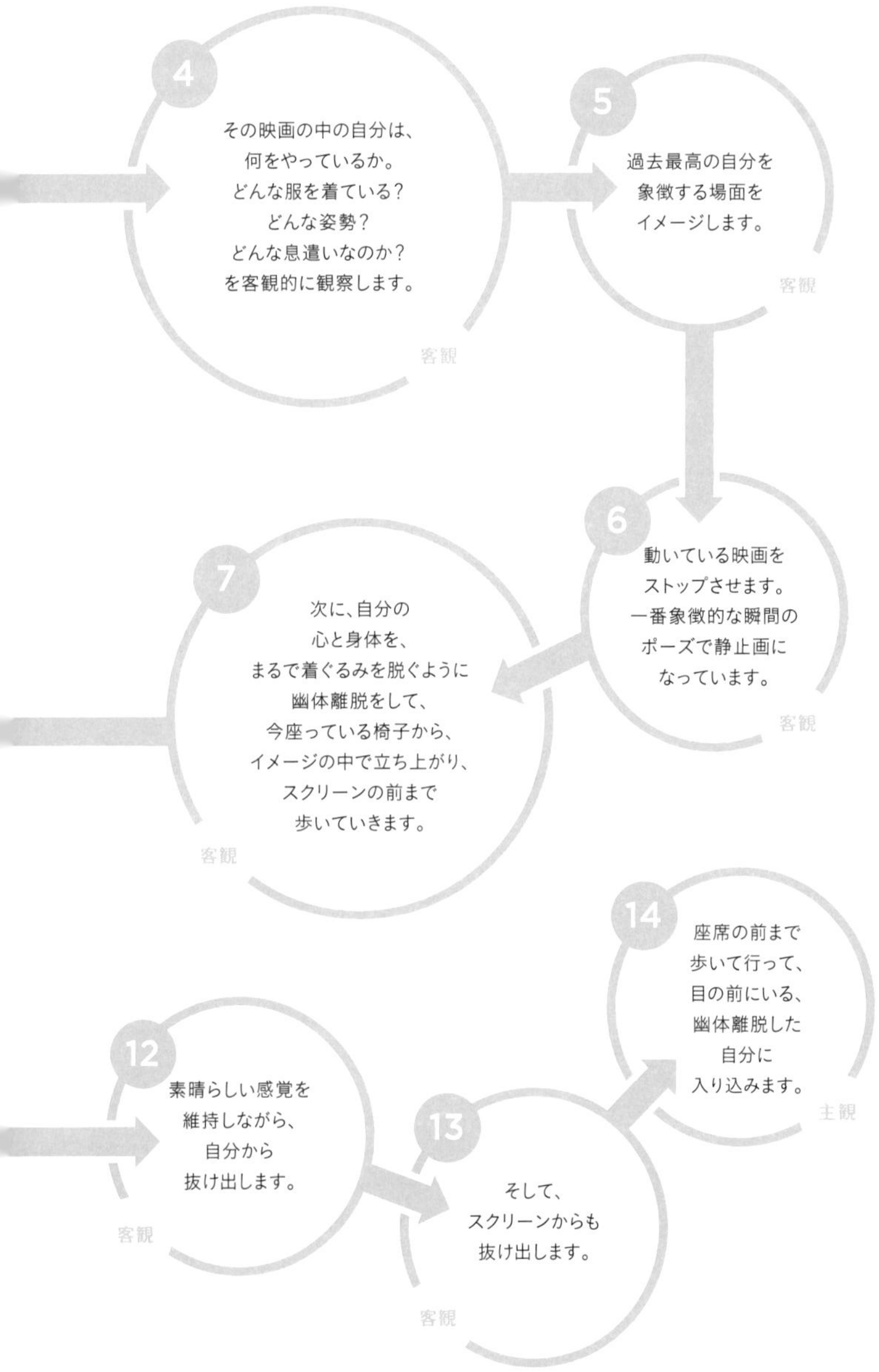

4

その映画の中の自分は、
何をやっているか。
どんな服を着ている?
どんな姿勢?
どんな息遣いなのか?
を客観的に観察します。

客観

5

過去最高の自分を
象徴する場面を
イメージします。

客観

6

動いている映画を
ストップさせます。
一番象徴的な瞬間の
ポーズで静止画に
なっています。

客観

7

次に、自分の
心と身体を、
まるで着ぐるみを脱ぐように
幽体離脱をして、
今座っている椅子から、
イメージの中で立ち上がり、
スクリーンの前まで
歩いていきます。

客観

12

素晴らしい感覚を
維持しながら、
自分から
抜け出します。

客観

13

そして、
スクリーンからも
抜け出します。

客観

14

座席の前まで
歩いて行って、
目の前にいる、
幽体離脱した
自分に
入り込みます。

主観

[図3-7] 主観から客観への切替トレーニング

1
まず
椅子に座って
目を閉じます。
大きく深呼吸を
します。
主観

2
心が
落ち着いてきたら、
目の前に映画館の
大きなスクリーンを
イメージします。
主観

3
この映画館は、
過去の自分自身の
最高に達成感のあった
ときの体験が、
映像として
写されます。
客観

8
目の前の
スクリーンの
中に入り込んで、
180度振り返ると、
幽体離脱をしてきた
自分を
確認できます。
客観

9
今度は横を見ると、
人生最高の瞬間を
象徴するような
ポーズの自分を
確認できます。
客観

10
確認できたら
主観です。
主観

11
止まっている自分に
先ほどの反対で、
着ぐるみを着るように入り込み、
最高の自分と一体化することができます。
一体化できたら、止まっている映画を動かします。
今まさに人生最高の体験を当時の自分の体を
使って追体験していることに気がつきます。
その素晴らしい経験をしているあなたに
見えるものは何ですか?
聞こえるものは何ですか?
体で感じるものは何ですか?
十分に体験します。
主観

これが映画のスクリーンをイメージした、主観と客観の切り替え方のトレーニングです。この訓練を何回かやることで、映画を見ている自分と、映画の中で登場人物として感じている自分の、二つの視点の使い分けができるようになります。映画を見ている自分が客観的視点で、映画の中に入り込んで、昔の自分と一つになった視点が主観的視点です。

この訓練の肝は、主観的捉え方と、客観的捉え方を交互に体験しているところです。着ぐるみを着たり、脱いだりすることで、主観的になったり、客観的になったりできるのです。これを繰り返すことで、切り替える速度が速くなりますし、感覚を強めたり、弱めたりすることもできるようになります。

まとめ

楽しいことは主観的に、辛かったことは客観的に捉えよう

主観的に捉え過ぎると臨場感がありますが、入り込み過ぎると辛いこともガツンと感じてしまいます。その逆に、客観的に捉え過ぎると楽しめなかったり、臨場感がなかったりしますが、分析することが簡単になります。

どちらが良いとか、悪いとかではなくて、楽しかったことは主観的に、怖かったことは客観的に、記憶のタイプを主観的記憶・客観的記憶、どちらか好きなほうに切り替えれば楽に生きていくことができます。この章の最初に登場した寝不足のような場合は、主観から客観に切り替えることで解消されます。

第4章

プログラム

コンピューターのように脳に書き込める

恐怖症って克服できるの？

とあるカウンセリングルームにて。ＯＬ風の女性・高橋さんが、セラピストの井上に相談をしに訪れた。

高橋「すみません、予約していた高橋ですけど……」

井上「高橋さん、お待ちしてました。こちらにどうぞ。それでは早速ですが、どのようなご相談でしょうか？」

高橋「実は高いところにいると落ち着かないというか、不安になったり、ドキドキしたりするんです」

井上「高いところが苦手ですか？」

高橋「はい、怖くて、身体がギュッと縮こまります」

井上「それはおつらいですね、何か原因になることは思いつきますか？」

高橋「子供のころ、木登りをしていて、真っ逆さまに落ちちゃって」

井上「そうなんですね」

高橋「はじめて死ぬかもって思ってから、高いところが苦手になっちゃいました」

井上「怖かったですね。でも、それは仕方ないですよ、とても怖い思いをされたんですから」

高橋「そうですよね。だから高いところが苦手なんだと思います……実は、職場がビルの高層階なので、窓から見える風景が怖くて不自由しています」

井上「なるほど。それは怖いですよね」

高橋「これって、恐怖症みたいな病気でしょうか？」

井上「確かに病気のように感じてしまうかもしれませんが、過去の経験が原因だったら、高いところが怖いのは病気じゃないですよ」

高橋「え!?　そうなんですか？」

井上「病気じゃないですから、ＮＬＰ的なアプローチで解消できるんですよ」

高橋「どうやって解消するんですか？　それって、長いリハビリが必要とか、面倒なことですか?」

井上「いえいえ、面倒なことはありませんよ。高橋さんが感じてしまう高いところが怖いというのは、病気じゃなくて、実はプログラムなんです」

高橋「プログラムって何ですか? パソコンのプログラムのことですか?」

井上「そうですね、パソコンのプログラムみたいなものが、人間にもあるんですよ」

高橋「えー!? ちょっと信じられないかも」

井上「生き物が、自分の安全や安心を得るために、自動的に行われる感じです」

高橋「うーん、なんだか難しそうな感じです……」

井上「大丈夫! そんなことありませんので、高いところが苦手だというプログラムを解消していきましょうね。その方法をこれから解説していきます」

脳を支配するプログラム

自動で脳が処理をすることがプログラム

プログラムの基本的なことは基礎編（25ページ）で説明したので、もう少し突っ込んだ解説をしていきます。

何かの刺激を与えたら、100％同じ反応をすることがNLPにおいてのプログラムの定義だといいましたが、プログラムの特徴は、自動処理をするということです。ベッドで目覚めて、起き上がろうとするとき、あなたは体を起こすために「腹筋に力を入れろ」と命令しますか？　普通はやりませんよね。体を動かすときにいちいち筋肉に命令をしなくても勝手に力が入ったり、抜けたりするかと思います。

これってすごいことだと思いませんか？　同じことをロボットにやらせるとしたら、すべての動きに対して、命令をしなければ動きません。それを人間の脳は自動処理をしいるのです。

この自動処理は、もっと高度なこともできてしまいます。一例として、自動車の運転がそうです。自動車の運転は「学習の4段階」を経てプログラムになっていきます。学習の4段階とは、次のように人が何かを習得する際のステップのことです。

第1段階「無意識的無能」何も知らない、できない状態
第2段階「意識的無能」考えてもできない状態
第3段階「意識的有能」考えればできる状態
第4段階「無意識的有能」考えなくてもできる状態

右のステップをより詳しく説明します。まず、車を運転しようとすら思わない状態が第

1段階です。次に、車を運転しようと一念発起して自動車教習所に通っている状態が第2段階です。続いて、教習所を卒業して運転免許を交付された状態が第3段階です。第4段階とは考えなくても運転ができる状態です。やってはいけませんが、ドライブ中に何かを食べたり、歌をうたいながらでも運転している人もいますよね。このように、運転に集中（意図的に命令）しなくても運転ができる状態が第4段階になります。

人間はプログラムでできている？

この第4段階こそ、プログラムが完成している状態です。プログラムは、車の運転だけではありません。人が生きていれば、プログラムは無数に発動しているのです。人間は多くのプログラムで構成されているといっても過言ではありません。NLPのセラピストの中には「人間はプログラムでできている」とおっしゃる方もいるくらいです。それはさすがに言い過ぎだと個人的には思いますが、それぐらいプログラムに支配されているのも事実だと思います。

プログラムに支配されているというのは悪い言い方かもしれませんが、プログラムがあるからこそ、人は効率的に生きることができるのです。先ほど、ベッドから起きるときに、腹筋に命令するかの話しではありませんが、すべての動きや考え方に対して、いちいち命令を下さなければいけないとしたら、社会生活を円滑に送ることはできないでしょう。

このように日々の生活だけでも、無数のプログラムが存在します。それが社会的にも、自分にとっても、良いプログラムなら問題ないのですが、自分に都合の悪いプログラムも存在します。プログラムは社会的、個人的都合の良し悪しに関わらず紐付いているので、困ったことにもなってしまうのです。

ここで悪いプログラムの例を挙げます。何に対しても怒りやすい人っていますよね？例えばファミレスやファストフード店で些細な注文ミスでも激昂する人は、些細なことであっても許せないというプログラムが働いています。これはどんな些細なことも許せないという感情が店員のミスに接した瞬間、自動的に発動するのです。

感情のプログラムは怒りに紐付くと、このようにカンシャク持ちのようなトラブルを引き起こすことがあります。性格で片付けられる程度のこともありますが、精神病のように重い場合だと、生き辛くなってしまいます。

プログラムは、一見その人の性格や、精神病の一種のように感じてしまうものもありますが、プログラムと性格、精神病は別物です。では、その違いは何でしょうか？　人間が抱える精神的なトラブルは、大きく分けて3つあります。一つは生まれついての障害、一つはいわゆる病気、そしてもう一つがプログラムです。

障害は、身体障害だけでなく精神的な障害もあります。最近知られるようになったアスペルガー症候群や、ＡＤＨＤ（注意欠陥・多動性障害）などがこれに当たります。

病気は、後天的、一時的になんらかの原因があって発症します。風邪などがそうですね。精神的な病気では、うつ病も病気に当たります。

では、プログラムとは何かといいますと、先天的でもありませんし、特定の病気でもありません。ある特定の条件下（図4-1）だけで、身体や精神になんらかの影響を及ぼすものので、これが社会的に悪影響を及ぼすものであったら、トラブルの原因となるのです。

[図4-1] プログラムの種類

焦点化の原則

自動的に情報を
収集する

主観

何かに
執着する

フィルター

価値観を通して、
第一印象を
判断してしまう

恐怖症

一定の物に
違和感を覚え、
怖いと感じる

プログラムは一定の条件下だけで起きる時限爆弾

人前で緊張するということは、誰でもあると思います。それが特定の人物や、特定の場所などの極めて限定的な条件下だけで起こる場合、そのトラブルは病気ではなく、プログラムの可能性が高いのです。先輩の前だと緊張してしまうとか、会議室に呼ばれるだけで固まってしまうとかだったら、ほぼ間違いなくプログラムですね。

次に、乗り物酔いを例に挙げて説明しましょう。仮に、乗り物酔いを起こす障害があるとしたら、ずっと乗り物酔いをすることになります。病気だとしたら、ある特定の期間、何らかの原因で発病するわけなので、その期間はずっと乗り物酔いをしてしまいます。この場合は、酔い止めを飲めば症状が軽減される可能性もあります。

では、その乗り物酔いがプログラムだとしたらどうなるのでしょうか？　ある特定の条件下で乗り物酔いをするということになりますから、その条件が揃わなければ乗り物酔いはしないということになります。

例えば、通学では乗り物酔いをするけれども、遠足の場合は大丈夫。といったようにシチュエーションが限定される場合、または、乗り物酔いではありませんが、人前でプレゼンをするときは緊張してしまうが、バンドを組んでいて、人前で演奏するときは緊張しないという例もシチュエーションが限定されているので、プログラムです。

このように、ある特定下で身体にトラブルが起きる場合の多くがプログラムなのです(図4-2)。そして、そのプログラムは、いつ爆発するかわからない時限爆弾のようなものでもあるのです。

プログラムは単純な反応

ここまでのプログラムの説明で、プログラムを悪いもののように捉えているかもしれませんが、実はプログラム自体は悪いものではありません。単純に反応しているだけなのです。この反応にも「安全安心の欲求」が根底にあって、この欲求に忠実に生きているだけ

[図4-2] プログラムとはどういうものか

病気

風邪・インフルエンザ	
原因	ウイルスや細菌等が原因
条件	ある一定期間症状がある
治療	医療的アプローチで治る

病気なので、原因を特定して、治すことが可能

障害

AD/HD・アスペルガー	
原因	生まれついての障害
条件	常に症状が出ている
治療	根治不能

生まれつきの性格や性質などで、
治すことができない

プログラム

高所恐怖症・犬恐怖症	
原因	原因があって現れる
条件	特定の条件下で現れる
治療	解消可能

本能的に安全安心の欲求を満たすために、
自動的に行われるもので、NLP的アプローチ等で
解消することができる

なのです。

たとえ、都合の悪いプログラムが発動したとしても、その根底にあるのは「危機回避」ということです。例えば、犬恐怖症や高所恐怖症などの恐怖症は、再び怖い目に合わないための危機回避プログラムなのです。

犬恐怖症の方の多くは、幼少のときに犬に噛まれて、大怪我をした経験の持ち主です。私が知っている中でいちばん顕著な犬恐怖症の方は、超マッチョの某元プロ野球選手です。その方はプロ野球を引退した後、バラエティ番組などにも出演されていましたが、極度の犬恐怖症で、チワワを見ただけでスタジオ中を逃げ回ります。超マッチョのスポーツ選手とチワワです。マッチョならチワワくらい簡単にやっつけられそうですが、犬を見ただけで犬恐怖症というプログラムが発動してしまうので、どうしても恐怖を感じてしまうのです。

幼少の頃に噛まれた犬が出てきたら、怖いのはわかります。百歩譲って、同じ犬種なら怖いのも理解できますが、プログラムではどのような犬種であっても、「犬は犬」と深層心理は一括りにしてしまうので、チワワでも怖いのです。

高所恐怖症の例についてもお話しします。これは私の幼少の頃の話しなのですが、高いところから落ちた体験があります。といっても、それほど高くはありませんが、幼稚園に入る前の子供が1.5mの高さから落ちたら怖いですよね？　私が生まれて初めて死を意識したのがこのときの体験です。それからというもの、高いところが怖くてしょうがありませんでした。

どのくらい怖がるかといったら、マンホールを覗けませんし、歩道橋を登るのも怖かったです。いちばん顕著に現れたときは、脚立の上に立てませんでした。今は、NLPの資格認定のコースを受ける過程で、高所恐怖症の克服ワークを行い、高所は前ほど怖くなくなりました。歩道橋も渡れますし、開いているマンホールを極端に避けて通るようなことはなくなりました。

これらの話しからもわかるとおり、犬恐怖症も、高所恐怖症も、命に対する危機がきっかけでプログラムが出来上がってしまったのです。犬に噛まれることも、高いところから落ちることも、とても強いインパクトの体験です。実は、プログラムができる条件の一つに「強いインパクト」があります。犬恐怖症も、高所恐怖症も、これのせいで一瞬でプログラムされて、恐怖心という時限爆弾を抱えてしまうのです（図4-3）。

プログラムは、自分自身を危険なことから守るために存在しています。深層心理は安全安心を求めるだけなので、危険回避のための恐怖症は、当然の結果なのです。それから、深層心理は安全安心を求めているだけなので、道徳的な良し悪しの判断は存在しないということも、理解していただけたかと思います。

［図4-3］ 恐怖症は安全安心を担保するためのプログラム

高所恐怖症	
高いところが苦手	
原因	高いところから落ちて生命の危機を感じた
プログラム	高いところを避けるため、身体に不快な反応が出る

犬恐怖症	
犬が怖い	
原因	犬に噛まれてひどい目にあった
プログラム	犬に近づかないように、身体に不快な反応が出る

恐怖症とは

過去の経験から、自身の安全安心を脅かす行動や、
存在から身を守るために、身体に不快な反応を起こして、
そのことから逃れるように深層心理が自動的に行うもの。

プログラムが脳に入力されるメカニズム

プログラムの入力条件は2パターンです

プログラムの入り方は、実は二つのパターンがあります。一つは、犬に噛まれたとか、高いところから落ちたという、命の危機を感じるような「強いインパクトで体験」をすることです。もう一つは、ピアノやバレエなど、修練を積むと上達することで、プログラムが入ります（図4-4）。最近話題になっている、親から子供に対する虐待は、「強いインパクトで、かつ繰り返し」なので、とても強烈なプログラムになってしまいます。

[図4-4] プログラムが作られる条件

プログラムが作られる条件

入る条件	強いインパクト・感銘を受ける
入る メカニズム	一回の経験でも安全安心を脅かすことを経験すると、それを回避するためにプログラムが作られる。
例	高所恐怖症や犬恐怖症など

入る条件	繰り返し・親のしつけ・習い事など
入る メカニズム	インパクトは弱くても、繰り返し行われることで安全安心を脅かすので、それを回避するためにプログラムが作られる。
例	学校教育や習い事など

①強いインパクト・感銘を受ける

新人研修などで大人を相手に何か新しいことを学ばせる（プログラムを入れる）場合、私が社員研修でやる方法は、入れたいプログラムの体験を作ります。言葉で学ぶよりも、身体を使って学んだほうがより深く（強いインパクト）入れることができるからです。営業マンの研修で、お客様のところに伺うとき、常にパワフルで元気いっぱいな状態で伺うようなプログラムを入れたいと思ったら、私はアンカリングを使います。アンカリングとは、身体の一部にスイッチを付けたり、特定のポーズをとるだけで、感情や、身体感覚に、特定の反応を発動させるＮＬＰの技法です。こちらは１４８ページで詳しく説明します。

新人研修の場でアンカリングを使ってプログラムを入れる意味ですが、参加者さんと私との深い信頼関係が構築されているわけではありませんし、私に依頼される研修の目的が明確で「高いモチベーションを持ってお客様のところに行ける」といった具合に、目的が明確な場合に、アンカリングを使うことが多いのです。

②繰り返し・親のしつけ・習い事など

次に、家庭でやってしまいがちなプログラムの入り方をお伝えします。お父さんの仕事が忙しくて、あまり家にいない家庭ですと、お母さんがお父さんの悪口をいってしまうこともあるでしょう。「まったくお父さんはだらしない」などです。一度や二度だったらプログラムにはならないかもしれませんが、インパクトは弱くても、繰り返しになるので、プログラム化してしまいます。お母さんは、本気でお父さんを悪く思っていなかったとしても、子供はお母さんからいわれたことを真に受けてしまうので、父親のことを尊敬できなくなります。尊敬できない相手のことは価値が低く感じますから、父親に対する嫌悪感が芽生えます。その結果、人間形成上よろしくない結果になることもあるのです。

子供の将来を案ずるならば、「お父さんはすごいんだよ」と、子供の前ではいっておきましょう。「お父さんは私たちのために、一生懸命働いてくれているんだよ」と、父親のことを褒めましょう。父親のことを大切に思えない子供は、将来、自己肯定感が低くなったり、ギャンブル依存症になったりする可能性がありますので、このようにするのがオススメです。

悪いプログラムですと「勉強嫌いな子供の作り方」は簡単です。「絶対にやりなさい」と、強制すれば良いのです。安全安心の原則に基づけば、嫌いなことはやりたくないのです。そこに、親という強い権力で、嫌なことを強制すのですから、勉強をしなくなります。これで、勉強が嫌いというプログラムの出来上がりです。

しかし、これを逆にやれば、勉強が好きな子供になります。強制しないで、子供の自主性に任せるのが基本ですが、勉強をすると楽しいことが待っているとか、小さな目標を作って、それをクリアしていくといったゲーム感覚で勉強に取り組ませるとか、子供の特性に合わせた対応が必要です。オススメできないのは「100点取ったらゲームを買ってあげる」とか「成績順位が○位に入ったらお小遣いアップ」といった、物で釣る方法は避けたほうが良いでしょう。

その場は、勉強ができるようになったり、順位も上がるかもしれませんが、将来的に「物をくれないと何事も本気でやらない」というプログラムができてしまいます。強制して、勉強させるのは良くないですが、物をあげるから勉強させるのもよくありません。

自発的に勉強をしたくなるように親が誘導するのが一番ですね。人間は基本的に好奇心を持っています。また子供の脳は、とにかく知識の吸収が良いようにできています。その知識欲を満たすように誘導してあげるのが良いと思います。普段から子供の言動や、好きな物事にアンテナを張って、何か興味を持ったことを広げてあげるのが良いでしょう。知的好奇心から勉強が好きになるというのが、一番望ましいプログラムの入り方だと思います。

プログラムを書き換えると楽になれる

プログラムが、衝撃的な体験、特に生命に関わるような出来事によって脳に入力されるもの、ということは理解していただけたかと思います。またプログラムには道徳的な、善悪がないことも理解していただけたでしょう。プログラムは、単に生命を守ろうとして反応しているだけなのです。しかし、それであなたの行動や精神状態に悪い影響を及ぼしているとしたら、それはあなたにとって悪いプログラムになってしまいます。その場合、悪いプログラムをなくすか、良いプログラムに上書きする必要があります。

一例として、恋愛観でプログラムの傾向がわかったりします。あなたの友人や、友人の友人に、一人くらいいるかもしれませんが、「常にダメ男ばかりと恋愛をする女性」です。これもプログラムが反応しているのです。


その女性にとっては、ダメ男の面倒をみることで、他人への「貢献感」を満たすことができるのです。これも、安全安心の欲求に紐付いています。顕在意識（＝表層心理）では、ダメ男に引っかかるのは自分の幸福に繋がらないとわかっていても、深層心理（＝潜在意識）のレベルでは、自分は彼に必要とされている、貢献している、といった、自己重要感を高めることができるので、ダメ男スパイラルから抜けられなくなるのです。

実際にダメ男に引っかかるクセがあるという方のセラピーを行ったことがあるのですが、そのときは、その女性がなぜダメ男を好きになってしまうのかということを、掘り下げてお聞きしました。結果は、母親から一度も愛されたことがないという、間違った先入観を自分で作り出していたのです。

余程のことでもない限り、一度も母親から愛されたことがないという方はいないと思うのですが、ＮＬＰの考え方ではクライアントさんの思っていることがすべてなのです。
仮に「世界中の人が私の敵」だと思っている（価値観を持っている）方がいらっしゃったら、その方の脳内では世界中の人が敵なのです。その状態のときに「あなたにだって味方はいるはずです」といったところで、深層心理は納得してくれません。

ダメ男の話しに戻します。ダメ男に引っかかるというプログラムの根本が「母親に愛されたことがない」という、その方の事実（自分が作り出した思い込み）に紐付いているのであれば、その事実に寄り添いながら「あなたは誰かから、過剰に愛される必要はない」という事実で、プログラムを書き換える必要があるのです。プログラムは自動的に処理されますから、自動で行われている過程を抜き出して、それを書き換えるだけで良いのです。

プログラムの書き換え方 1

アンカリング

心の状態を変えるスイッチを作る「アンカリング」

どうしても抑えきれない感情ってありますよね？　何かのタイミングで、思ってもいない感情になってしまったり、身体が反応してしまったりした経験って、どなたにもあると思います。これは、特定の五感情報を受けたとき、特定の身体的感覚反応と紐付いていることなのです。五感情報とは「見る、聞く、触る、嗅ぐ、味わう」です。身体的感覚反応とは「鼓動が早くなる、身体が熱くなる、呼吸が浅くなる」などの、身体が勝手に反応してしまうことです。

そして、特定の五感情報と身体感覚反応が紐付いている状態のことをNLPでは「アンカーが掛かった状態」といいます。アンカーとは、船のイカリのことです。船が波で流されないように海底に重いイカリで繋ぐことと同じように、特定の五感情報は、身体感覚反応を船のイカリのように繋ぐので、アンカーという言葉を使います。

右の解説は、自然にアンカーが掛かった状態ですが、積極的にアンカーを掛けることについては「アンカリング」といいます（図4-5）。

強いインパクトでアンカリングをする

アンカーもプログラムの一つなので、強いインパクトで行うと、それだけ強烈なアンカーが作れます。強力なアンカーを作ると、いつでも欲しい状態に、一瞬で入り込めます。まるでテレビのリモコンを押して電源を入れたり、チャンネルを変えるように、自分の感情や身体感覚がコントロールできるのです。営業マンが常にパワフルな状態で、お客様のところに行きたいとしたら、「一瞬でパワフルになれるスイッチ」を押せば良いです

［図4-5］アンカーとは情報と感覚が紐付いている状態

アンカーとは情報と感覚が紐付いている状態

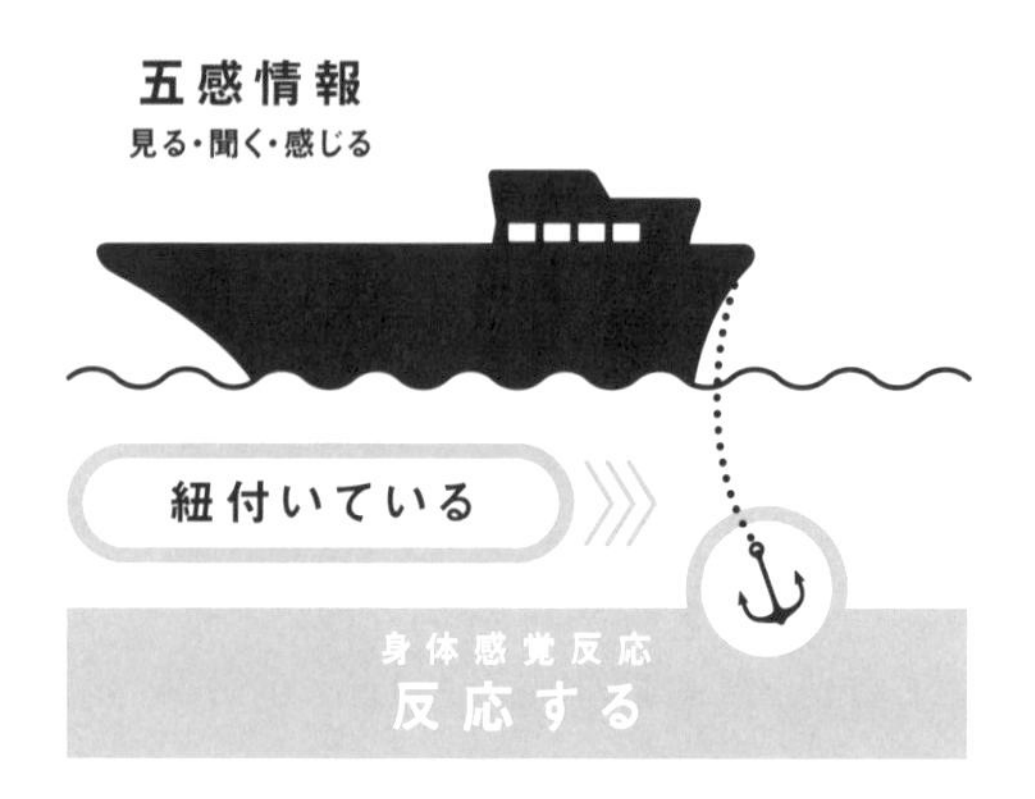

し、営業が終わって、リラックスした状態になりたかったら、「リラックスできるスイッチ」を押せば良いのです。

このように、通常なら自動で行われるプログラムを、意図的に感覚を切り替えるためのスイッチ作りがアンカリングです。アンカリングをやるときは、できるだけ強いインパクトのある過去の体験（学生時代に部活で全国優勝したとか、営業成績トップで表彰されたとか）でスイッチを作れます。インパクトが強ければ、それだけ強いアンカーができるのです。

アンカリングのやり方

アンカリングの入れ方をお伝えいたします。通常ならば、自動で処理されているプログラムを積極的に作ります。営業マンが一瞬でパワフルになれるアンカーを作るとしたら、必要なのは、過去のパワフルだった体験と、アンカーを作るポーズです。

通常は、身体の一部にスイッチを作るのですが、パワフルになるためのアンカーだったら、身体のスイッチよりも、パワフルになりやすいポーズのほうがもっと効果的だと思います。そのやり方は以下のとおりです。

①人生の中で、最もパワフルだった過去の経験を思い出す。
②その状況を、ディソシエイト（客観）して観察する。
③十分にディソシエイト（客観）して観察できたと思ったら、その自分にアソシエイト（主観）する。
④そこで見えているもの、聞こえているもの、体で感じることを十分に味わう。
⑤十分に味わえたら、左右どちらでも良いから、握りこぶしを、ギュッと握る。
⑥体中でパワフルさを感じられたら、アンカリングは成功です。

とてもパワフルになれる方法ですので、元気が欲しいときに、ぜひ試してみてください。

プログラムの書き換え方②

モデリング

できている人の真似をするのが成果への近道

仕事でも、勉強でも、最短で成果をあげたいならば、すでにできている人のやり方を学ぶのが一番ですよね。NLPの考え方にも「誰かにできることなら、他の人にもできる。後はやり方を知るだけ」というものがあります。例えば、同じゴールに対して、一から十まで自己流でやったらどうでしょうか？　時間をかければ成果をあげられるかもしれませんが、脇道にそれたり、違う道に行ってしまう可能性もあります。それが自己流の怖いところです。

実は、NLPはすでに成功している、天才セラピストたちのやり方を真似することから始まりました。真似する技術をNLPでは「モデリング」といって、NLPの中核を成すプログラムの技術です。このことをNLP的に理解するとき、3つの事柄に分かれます。

一つは身体の使い方や、生理現象等を真似する「フィジオロジー」。もう一つは考え方を真似する「ビリーフ」。最後の一つは手順を真似する「ストラテジー」です。

一般的に、真似をする職業といったら、ものまねタレントが挙げられます。主にモデリングするのは、フィジオロジーです。モデルになる人物の声の出し方、表情の作り方、身体の使い方などを真似して、それを芸にしています。

では、仮にスティーブジョブズを真似して、彼のようなビジネスマンになりたいとします。もし、ジョブズのプレゼンテーションを真似したいと思ったら、ものまねタレントのように「フィジオロジー」を真似するでしょう。喋り方、声のトーンの使い分け、ステージの使い方、身振り手振りなどです。そして、ジョブズのような会社経営、ビジネスの発想の仕方を真似したいとしたら、考え方である「ビリーフ」を真似します。ジョブズ的な発想法の書籍を読み漁るかもしれません。ですが、多くの方はそれで成功しないのです。なぜかといったら、そこに「ストラテジー」がないからなのです。

ストラテジーがないと上手くいかないのはなぜ？

最後のストラテジーとは、手順のことです。ストラテジーを和訳すると戦略となりますが、ＮＬＰでは単純に手順のことを指します。ＮＬＰがモデリングで作られたといいましたが、それはストラテジーのことです。私はモデリングの中でも、特にストラテジーが重要だと感じています。

ストラテジーというと難しいので、ここでは習慣と思ってください。例えば、お風呂で体を洗う順番や、自宅から会社までの道のり、無意識的に行っていること、それらをストラテジーだと思っていただければ大丈夫です。

他人のストラテジーをマネする方法

他人のストラテジーを真似する方法として、ＮＬＰの成り立ちがあります。ＮＬＰ

は、他人のストラテジーを真似することで完成しました。天才セラピストたちのやり方を100％真似することからはじまり、同じような効果が発揮したら、次に少しずつ余計な部分を削ぎ落していく。削ぎ落した結果、効果が違ってしまえば元に戻す。といった作業を繰り返し、これ以上削れないまでに削ぎ落したのが、今のＮＬＰです。これと同じような作業をすれば、他人のストラテジーを真似することが可能です。

ストラテジーを真似するために必要なこと

ストラテジーのメリットは理解していただけたかと思います。例えば、なかなか寝付けない人がいるとします。その人の「なかなか寝付けないようになるストラテジー」を組んでみます。

帰宅↓晩御飯↓風呂↓髪を乾かしながらスマホでチャット↓ＴＶを見る↓気が付くともう真夜中↓慌ててベッドに入る↓寝る

こんな感じで、帰宅してから就寝までの習慣的に行っている行動を書き出してみます。理想をいえば、無意識的にやっている行動を、すべて書き出す必要があるのですが、ここでは、行動の大きな流れを表しています。眠れない人は多かれ少なかれ、こんな順番で帰宅から就寝までの行動をしているのではないでしょうか？　このように習慣を書き出すことで、手順を確認できます。このことを「ストラテジーを組む」といいます。

「ストラテジーを組み替えてみよう」

これは、いつも夜更かしをしてしまう人のストラテジーです。仮に、いつも就寝までの時間に余裕のある人が、このストラテジーを真似したら、夜更かししてしまうかも知れません。もし、夜更かしが嫌ならば、このストラテジーを意図的に組み替えてみると、夜更かしができなくなる可能性もあります。

ＮＬＰには「失敗はない、ただ単に結果が出るだけ」という考え方があります。人間は誰でも、常に成功していると考えます。例えば、不眠症の人がいるとすると、その人は「寝ない結果にたどり着いている」ということになります。「なかなか寝付けない」ということに成功している人は、無意識的な行動が「なかなか寝付けない」ためにやっている習慣だからです。もし、「夜更かしをせず、早く就寝したい」と考えるならば、習慣を意図的に変えてみれば良いのです。

ストラテジーは通常、無意識的に行なっている自動プログラムのようなものです。しかし、このストラテジーの中に、意図的に何かを追加したり、順番を変えてみたり、何かを削除してみると、今まで経験してきた結果とは違う結果になってしまいます。

「なかなか寝付けない」ストラテジーを組み替えるとしたら、TVを見るという行動を、読書をするという行動に変えてみるとどうなるか？　気が付くと夜中ということが、自分でコントロールできるようになるかもしれません。夕食とお風呂の順番を変えてみても良いかもしれません。すると、今まで無意識的に行っていた結果の「なかなか寝付けない」という結果が出なくなるかもしれません。

ストラテジーのややこしいところは、今まで以上に時間がかかることや、煩雑なことに入れ替えたとしても、係る時間が短縮される可能性もあるということです。

ストラテジーの組み換えは、一発で願った結果になるとは限りません。余計時間がかかるかもしれませんし、時間短縮になるかもしれません。無意識の習慣を意図的に組み変えてみて、それでもダメだったら違うところを変えてみる。そして、自分が望む成功になったら、それを習慣化することで、ストラテジーが完成するのです。

例として、TVを見るという行動を、読書をするという行動に変えてみます。すると手順が変わります。


帰宅→晩御飯→風呂→髪を乾かしながらスマホでチャット→読書をする→ほど良い疲れを感じる→ベッドに入る→寝る

このように、実際に書いてみてストラテジーを変えてみてください。直したい習慣などを修正することができるかもしれません。

まとめ

プログラムは身体や感情が勝手に反応してしまうこと

もし、あなたがダイエット中に甘いものについ手が出てしまうとか、やらなければいけない目の前の仕事に手が付けられないとか、そういうことがあった場合、その行動の裏には、動物としての生きていくために必要な、安全安心の欲求に基づいている場合が多いのです。

何か、過去に経験をした自分の生命の危機や、不快なことから身を守るために、深層心理が自動的に逃げるような行動をするのがプログラムです。そして、その行動を変えたいと思うのであれば、内容を書き出して、順番を変えたり、追加したり、減らすだけで変わることもあるのです。この章の冒頭の高いところが怖いというのも、解決できるかもしれません。

第5章

悩みの解決方法

なかなか寝付けないのを解消したい

睡眠障害ってなに？

眠れないという悩みはよく聞きます。ですが、布団に入ってどれくらいの時間が経過して眠れなかったら、不眠症気味になるかご存じですか？　一般的には、布団に入ってから30分くらいの間で眠るのが理想といわれています。これがのび太くんのように即寝てしまう場合、ある意味では、睡眠障害だといわれています。睡眠障害を定義すると、「睡眠に何らかの問題がある状態」（「みんなのメンタルヘルス」厚生労働省より）となります。

なかなか寝付けないとか、逆にすぐに早く寝てしまうとか、睡眠時間が極端に短いとか、逆に長すぎるとか、すぐに目が覚めてしまうことも睡眠障害です。「早く眠れるのはいいじゃないか」と思うかもしれませんが、それは体が疲れている状態なのです。疲労が蓄積しているからすぐに寝てしまうのです。この状態も、ある種の睡眠障害になるのですが、今回は、眠れないということにフォーカスして考えてみたいと思います。

2日、3日眠れなくても問題はない

眠れない理由はいくつかありますが、一つには運動不足ということがあります。体が疲れていないから睡眠を欲していないのです。もっというと、体が疲れたら勝手に寝てしまうのです。先に書きましたのび太くんの例ですね。親しい付き合いのある精神科の先生に聞いたのですが、現代人は24時間サイクルで生活していますが、睡眠に関していうと3日間、72時間以内に十分な睡眠がとれれば、何の問題もないそうです。5日も6日も眠れないのであれば、それは問題になってきますが、一般的には、2日3日徹夜をしたら寝てしまいます。その状態ならば、睡眠障害にはならないということです。

次に、原因不明で眠るのが遅い場合、例えば寝ようと思い布団に入ってから、1時間以上も眠れない日が毎日続くのであれば、これは一つの睡眠障害だと思います。病院に行くことも良いのですが、その前にやってみてもらいたいことがあります。人間の基本的な安全安心の欲求の一つ、「焦点化の原則」（43ページ参照）を活用してみることです。

質の良い眠りは「焦点化の原則」で得られる

布団に入ったら、ゆっくりとした音楽を聴くでも良いですし、音が邪魔であれば何もなくても構いません。部屋は暗くしてください。とはいえ、豆電球ぐらいあったほうが良いならそれでも問題ありません。環境の準備ができましたら、やることはたった一つです。軽く目をつぶり、ゆっくりと深呼吸をします。そのときに呼吸に意識を合わせてください。「吸っている、はいている、吸っている、はいている」と、呼吸のことだけを考えて、他のことは気にしません。これを繰り返していくうちに、だんだんとリラックスできて眠りやすくなります。

質の良い睡眠を得たいのであれば、やってはいけないのが寝るときにスマートフォンを見ることです。本当に良い睡眠をしたいのであれば、理想は40分以上前にスマートフォンやパソコンを見ないように電源を切ることが重要です。それと、眠れないときに、眠れない理由を探さないでください。理由を探しだすと、余計に頭が冴えてしまいます。「眠れなくてもOK、眠れてもOK、どっちにしてもいずれ眠れるんだから」と楽観的に捉えてみるくらいがちょうど良いのです。

禁煙やダイエットを成功させたい

禁煙やダイエットができないのは当たり前

禁煙やダイエットは、やめづらいですよね？　それは、肉体的、精神的な依存が大きい（深い）からです。しかし、このような依存症から抜け出た人がたくさんいることも事実です。では、どのようにすれば依存症から抜け出せるのでしょうか。いろいろな方法がありますが、その一つに、依存している先に、新しいゴールを見つけてあげることです。

ゴールを見つける前に、禁煙やダイエットを成功させる本当の意味を考えてみましょう。なぜ、ダイエットや禁煙をしなければいけないのでしょうか？　動物は本来、変化を求めません。安全な環境で「ぬるま湯に浸かっていたい」のが本能です。タバコを吸っていることが安全安心だと思っているのであれば、タバコをやめたいと思わないのが動物としての本能です。その状態だと本当のゴールは見つけられません。

では、本当のゴールとは何かといえば「自分の安全安心の欲求を、さらなる高いレベルで満たしてくれる状態」です。ダイエットに関してですが、痩せたいと思うのは表面的な思いであって、深層心理が、本気で痩せたいと願っているかはわかりません。「なんとなく痩せたいな」と思う程度でしたら、ダイエットは成功しません。ダイエットとは辛いものであり、動物の本能としては、やりたくないからです。しかし、医者から「今の体重より10キロ落とさなければ余命3ヶ月です」と宣告されたり「結婚式で美しい体型でウェディングドレスを着たい」といった強い願望がある場合は、成功する可能性が高いのです。

手段をゴールにしたら
本当のゴールは手に入らない

禁煙も同様です。「ただなんとなく」タバコをやめたい思うのであれば、成功する確率はかなり低いでしょう。禁煙やダイエットは、所詮手段でしかありません。手段をゴールにしてしまうと、ゴールを手に入れなくても大したことないと深層心理は思います。そして、ぬるま湯に浸かる生活を選んでしまうのです。

ここでいう本当のゴールとは、深層心理が望む、理想のことです。「今の体重よりも10キロ落とさなければ余命3ヶ月です」ならば、本当のゴールとは「生きていたい」という生存欲求です。「結婚式で美しい体型でウェディングドレスを着たい」ならば、本当のゴールとは「友人に素敵と思われたい」という強い承認欲求です。生存欲求も、承認欲求も、深層心理が強く欲しがるものなので、本当のゴールになるのです（50ページ参照）。

本当のゴールを設定するから、つらいことも達成できる

あなたが禁煙やダイエットを成功させるためにやることとは「本当のゴール」を深層心理に教え込ませることです。深層心理がそのことを理解できたら、はじめて本当に禁煙やダイエットに向き合えるのです。

そのやり方ですが、まず禁煙やダイエットをする本当のゴールを見つけてください。自分自身に質問をしてみましょう「ダイエットをしたら、何が待っていますか？」答えが出たら「それが手に入ったらどうなりますか？」あとはこれを繰り返して、質問しても、答えがこれ以上出てこないと思うところまで掘り下げることができたら、それが本当のゴールです。そのときの答えは、長い文章ではなく、単語や、短い文章になることが多いです。それこそが、深層心理から出る「本当のゴール」となります。

それが見つかったら、次はそのゴールを深層心理に教え込ませるために、「空白の原則」（39ページ参照）と「焦点化の原則」（43ページ参照）を使います。朝起きたら、ゴールを明確にイメージします。主観的で、五感を使ったイメージです。そして、それを言葉にしてください。使う言葉は、ポジティブな言葉遣いが効果的です。ネガティブな言葉は使わないでください。

禁煙やダイエットは、一朝一夕にできるものではありませんが、このきっかけさえ作れたら、あとは坂を転がる石のように進んでいきます。

異性への苦手意識を克服したい

苦手意識の根本は、
自分の価値を正しく理解していないから

異性に対する苦手意識を紐解くと、二つの原因が考えられます。一つは異性からよく見られたいと思うあまりに、心や行動が空回りをしてしまい苦手だと思ってしまうことです。もう一つは、過去に異性とトラブルがあり（失恋など）そのことが、深い心の傷となって残っている場合です。異性から良く思われたいと願っているのであれば、そこに大きな問題があります。あなたは、あなただけの価値があり、誰から良く思われなければいけない、ということはないのです。

あなたは、早くあなただけの価値を見つけて出してください。そうすれば、異性から良く思われたい。と思う気持ちはなくなります。そして、これは異性だけにとどまらず、同性でも同じです。他人からどう思われようと、あなたにはあなただけの価値があるのです。そのことに気がつけば、他人の評価はどうでもよくなります。

他人からの評価を気にするから苦手意識が起きる

あなたの評価を、あなた自身が決めるということは、ある意味自己中心的で良いのです。自分が楽しいこと、自分が楽なこと、自分が気に入っていること、それらを追求すれば良いのです。自分が好きなことを続けていけば、自分の中の評価が上がります。自己評価が上がれば自信がつきます。自信がつけば、さらに自己評価が高まります。そうなることで、他人に対する苦手意識はなくなります。特に、異性に対して苦手意識がある場合は、自分に自信を持ってください。

トラブルは過去のことだと深層心理に理解させる

もう一つ、過去のトラブルが原因の場合ですが、他人とコミニケーションをとるのが苦手な場合です。これはある程度訓練が必要になりますが、相手が理解しやすいように丁寧に説明するなど、好意的に受け取ってもらえるコミニュケーションをとるという練習をすれば、少しずつですが、苦手意識は克服されていきます。もし、異性にいじめを受けていた場合、この場合はあなたが異性が苦手なのではなくて、いじめを受けていたことが原因になっているのです。

ですが考えてみてください。あなたは今現在そのいじめを受けていますか？　もし受けているのであれば、しかるべき機関に相談することを勧めますが、現在はもういじめが収まっていて、あなたが過去の記憶に捕らわれているのであれば、それはとてももったいないことです。

なぜならば、あなたは今、その状態にいないからです。その状態にいないのに、あたかも深層心理はその状態にいると思い込んでいるのです。これは「脳は時間の感覚を理解できない」（72ページ参照）ということにもつながります。過去のトラブルと、今の安全な状態も、同じく現在進行形で起きていると、脳は理解しています。ですから、異性に対する苦手意識が、過去の体験や経験に基づく原因があるのであれば、その原因が今はもう終わっているということを深層心理に理解させれば良いのです。

詳しくは深層心理の章（28ページ）を参照していただきたいのですが、深層心理に理解させるためには、自分で自分に話しかけてください。「私は、異性が苦手だと思い込んでいました」これを朝起きたら直ぐにやってください。深層心理は、過去のことで、思い込んでいただけだと理解してくれます。

コンプレックスを克服したい

今の自分だけに焦点を当てる

他人と自分、どちらが勝っているとか、劣っているとか。自分自身に対しても、過去の自分は○○ができた、過去の自分は大金持ちだった、過去の自分はエリートだった、それに比べて今の自分がどうだ、失敗して無職になってしまった。会社で大きなミスをして閑職に飛ばされた。など、比べても意味がないことなのです。後悔先に立たずといいますが、まさに後悔しても、そこから何も変化はしません。

後悔することは、過去の悪い記憶に焦点が当たっているので建設的なことは何一つありません。ですが、後悔ではなく、総括する目で捉えることができれば、良いことも、悪いことも、フラットに捉えて、改善点を見つけ出すことができます。まとめますと、後悔することは、悪かったエピソードの一点だけを主観的に捉えている状態。対して、総括することは、エピソード全体を客観的に捉えて、余計な価値観を挟まずに眺めている状態といえます。

今と過去を比べて、過去の栄光に対して劣等感を持つこともなければ、できなかった過去と今を比べて、優越感に浸ることも必要ないのです。今のあなたが、何をして、どのような状態にあるのか。そのことだけに焦点を当てて、できなかった過去、持っていなかった過去からは焦点を外せば良いのです。

コンプレックスの解消は自分の心を整えること

他人と比べたり、他人の目を気にし過ぎたり、それで何か良いことがありますか？　気苦労ばっかりが増えたり、不要な劣等感を持ってしまったりで、自分の人生を好転させてくれるとは思えません。それより、自分にできることを考えましょう。今のあなたは最善のあなたです。しかし、明日のあなたは「今日の最善のあなた」ではないのです。人は日々変化しています。明日には、明日の最善のあなたが存在します。その「最善具合」をより高い目標で変化し続けることが大切で、その気持ちを持てるようになったら、他人や過去の自分と比べる必要がないことに気がつくでしょう。

コンプレックスを克服することは、焦点を今の自分に当てるということです。他人や、過去の自分に焦点当てるから、劣等感が生まれ、それが複合的に絡まり合ってコンプレックスになってしまいます。では、今の自分にどうやって焦点を当てるかといえば、心を無にすることです。無にする方法は、1章で解説した脳の三大原則「焦点化の原則」（43ページ）を使います。軽く目をつぶり、深呼吸をして、その呼吸に意識の焦点当てて、余計な考えを頭から追い出してください。そして、心が整ってきたら「今の自分は、最善の自分」と心の中で数回呟いてみてください。これは「空白の原則」（39ページ）です。呼吸だけに意識が当たったら、他の考えがなくなり、今の自分は最善の自分というメッセージを深層心理に理解してもらうのです。

今のあなたは、最善のあなた

最後にもう一度いいます。人は常に最善を尽くしています。その最善の結果が今なのです。決して良い状態ではなかったとしても、現時点での最善が今なのです。仮に、今以上のものを望むとしたら、それは、これから先の最善を目指せば良いのです。あなたは常に最善を選択して今を生きているのですから。

仕事をする意欲が湧かないのをどうにかしたい

仕事の意欲は理想の未来像がないと湧いてこない

仕事に対する意欲がわかないのは、自分が今取り組んでいる仕事の未来に良いイメージを持てないからかもしれません。深層心理の仕組みとして、心地良いことは続けたくて、不快なことはすぐにでもやめたいのです。これは安全安心の欲求の一つ「快・痛みの原則」（36ページ参照）です。今風のいい方だと「モチベーションが続かない」ということでしょうか。

意欲がないときや、何かをやり続けることができないときに考えてください。何かを始める際に、最初に思った動機があるはずです。人間というのは、良くも悪くも慣れが生じます。そして慣れが生じると飽きてきます。どうしても、ある程度時間をかけてしまうと、慣れが生じて飽きてくるのです。このことは、良いことでも悪いことでもありません。ある意味、深層心理が楽をしている（効率化）のです。これは第4章の「脳を支配するプログラム」（127ページ参照）でも説明していますが、学習の4段階の最高到達点である「無意識的有能」になりたいのです。要するに、同じようなことは考えを巡らさなくてもできるように自動処理をしたいのです。

理想のゴールをチェックしてみよう

ではどうすれば、飽きが生じたときに意欲を持続できるのでしょうか。それは、最初に何かをやると決意したときの、初心を思い出すことです。あなたは何かをやるときに、最初に願った理想のゴールがあったはずです。もし、理想のゴールを手に入れたら、あなたはどのような変化をしていると考えたのでしょうか。そのことを、もう一度思い出してください。それを思い出すことで、最初の頃の意欲を保つことができるのです。それでも意欲が保てないとしたら、今のあなたの理想のゴールが最初のときに思い浮かべた、理想のゴールと変わっている可能性もあります。深層心理が求めていないものを手に入れるために、集中力を持続したり、意欲を持ったりすることはできませんよね。

もし、どうしても意欲を保つことができなかったら、自分自身に質問してください。「本当に〇〇を手に入れたいのか？　苦しいことをやってまで〇〇を手に入れたいのか？」と。そのときに、深層心理は必ず答えを返してくれます。それは、単語として、頭に浮かぶときもあれば、身体の一部がピクリと動く場合もあります。そのことに特別な意味はありませんが、反応するということが大切なのです。

その反応をどう捉えるか？　それはあなたの解釈次第ですが、浮かんでくる単語は多くの場合「愛」「自由」「苦しみ」「悲しみ」などの感情的な単語です。他に体の一部がなんとなく温かく感じるということもあります。このように、なんらかの反応が深層心理から返ってきます。その反応を得ることで、あなたの今の理想のゴールが、最初の頃の理想のゴールと変化をしているかを再確認することができるのです。

意欲を取り戻すには、理想のゴールの再設定が必要かも知れない

そして、もし今のゴールと、最初のゴールが同じだった場合でも意欲が続かないとしたら、集中力の欠如になりますから、その場合は、理想のゴールの再設定化が必要かも知れません。今の苦労をすることによって、あなたが得られると思われるものを、さらに明確なイメージをしてください。それによって「ニンジンをぶら下げられた馬」のように、もう一度、意欲を取り戻すことができるかも知れません。

イメージの再設定は、朝一の質問を使います（46ページ参照）。朝、起きたときに自分が欲しい未来の姿や、仕事のプロジェクトを成し遂げたら起きる自分の変化や、利得を強く思い、それを言葉に出し、耳で聞きます。それで、深層心理に目標の再設定ができて、仕事に対する意欲が湧いてくるのです。

集中力をアップさせたい

集中力の散漫は心のブレが原因

何かに集中しなければいけないのに、それができないときは、どんなときでしょうか？

NLP的にいうと「顕在意識がやりたいと思っていることと、潜在意識がやりたいと思ってることが違って、潜在意識が優先されている場合」となります。簡単に説明しますと、「今やっていることが、本能的にやりたくない状態」です。顕在意識と潜在意識。優先されるのは潜在意識だということです。

ですから、あなたがやりたい、もしくはやらなければいけないことがあるとしたら、本能である深層心理に「これをやらなければいけない」と、理解させる必要があります。それができていないから、集中ができなくなってしまいます。いってみれば「心がブレている」状態が集中ができていない状態なのです。

短時間の集中なら可能？

集中できないときにちょっと考えてみてください。多くの作業をする場合に、集中力が持続できないとしたら、長時間連続して集中するのではなく、短時間に区切って、少しずつ何かの作業をするというのはどうでしょうか？

集中力が切れる理由ですが、何かの刺激を受ける「外的要因」だったり、ふと何か思ったことで、そちらに気を取られたりする「内的要因」が考えられます。作業をしているときに、誰かが来てそこで集中が途切れたとか、作業中に何かふと思ったことで気をとられて、そちらのほうばっかりが気になってしまったとか、そんなことがあるかと思います。それこそが、集中が切れるということです。

長時間連続して集中しようと思うから集中力が保てないのであれば、集中する時間を短く区切って、その時間だけ集中して、終わったらひと段落付けて、集中を再開すれば良いのです。例えば、フルマラソンを走るとして、目安なく漠然と42キロ以上走るのは辛いですが、5キロ、10キロと、長い距離を小さく刻むことで気分をリセットすれば頑張りやすいと思います。集中力も短く区切って、その都度リセットしてみてはどうでしょうか？

このリセットのやり方ですが「今ここ」に意識を集中させるのが良いです。それを次から説明していきます。

「今ここ」に意識を集中すれば良い

「今ここ」に集中する方法として、一つ挙げられるのがマインドフルネスです。マインドフルネスというと、ちょっと難しいかもしれませんが、わかりやすくいえば「一つのことに集中する」なのです。説明的なことは置いておいて、一つのことに集中する方法は、「焦点化の原則」（43ページ参照）を使います。

まず、目を半眼にして、ゆっくりと深呼吸します。深呼吸するときにやることは「吸っている、はいている」と呼吸だけに意識を集中することです。吸っているときに「今、息を吸っているんだな」と心の中で思い、はくときに「今、はいているんだな」と心で思ってください。

集中力が切れ出ているのは、雑念にとらわれているからです。「今ここ」呼吸だけに集中すれば、焦点化の原則で、他のことに気をとられなくなるのです。ですから、集中が切れたときには、気分転換をする意味も含めて、深呼吸をするのがオススメです。

あがり症を克服したい

必要のない高揚感を抑えて、自分の身心をコントロールしよう

人前であがってしまうは、決して悪いことではありません。そもそも、あがるというのは、狩猟生活の名残りで戦闘態勢が整っているということなのです。狩りをするときに、心拍数が上がったり、呼吸が速くなったり、頭に血が上ったりするのはわかりますが、人前や、苦手意識のある人とコミュニケーションをするときに、心拍数を上げて、身体能力を上げても仕方ありませんよね。一般のビジネスマンが、これから目の前の人と戦うわけではないのですから。

それならば、逆に落ち着いてリラックスしたほうが、より良いパフォーマンスを発揮す

ることができるかもしれません。

もし、あがっている状態によって、あなたのパフォーマンスを下げてしまうのであれば、あがることをやめれば良いのです。あがるという状態は緊張して、鼓動が速くなることなので、解消法としては、緊張をしないようにするすれば良いのです。

緊張しない方法は焦点化の原則を使う

緊張しない方法って、すごく難しいと思いますよね？　しかし、心の持ちようで緊張することはなくなります。まずは、自分に対してこういってあげましょう「間違えたって命を取られることはないじゃないか」失敗は怖いことではありません。失敗したってご愛嬌です。それも一つの個性だと思って良いんじゃないでしょうか。

もう一つは、ゆっくりと大きく深呼吸してみましょう。そのときに「吸っている、はいている」と、意識を今ここに集中して、深呼吸することで、深層心理が呼吸だけに焦点を当てますので、緊張することから意識が逸れます。すると、穏やかな自分本来を取り戻すことができて、無駄な緊張をしなくて済むようになります（図5-1）。

未来の先取りをしておけば緊張しないで済む

それと、緊張するのは、練習不足が原因の場合もありますから、予想される未来の自分を「主観的」に想像し、その状況に自分を置いて、ありありと体験してしまうことで、本当の体験をしたと、未来を先取りしたように、脳を錯覚させれば良いのです。詳しくは「未来ペーシング」を参考にしてください（86ページ）。

練習を十分に積んでから本番に挑むのと、ぶっつけ本番で挑むのと、どちらが緊張するでしょうか。当然練習を積んでから本番に挑んだほうが、あがらないですよね？　あがり症を克服したかったら、「今ここ」に意識を集中するのです。そのために、深呼吸をして、意識の焦点を呼吸だけに合わせて、主観的に未来を先取りすることです。

[図5-1] 焦点化を活用した緊張しない方法

人見知りを直したい

人見知りは、第一印象の思い込み

人見知りは、初めて会う方が苦手ということですが、その人のことをあなたの先入観で決めてしまって良いのでしょうか？　逆にあなたのことを知らない人から、勝手な思い込みで価値判断をされたらどう思いますか？　多くの方が良い気分ではないでしょう。

人見知りについてですが、新しい人間だけに対して苦手意識があるのか、初めて対峙するすべてのものに対して苦手意識があるのか、そのどちらかで対処法が変わってきます。

もし、新規のすべてのものに対して、苦手意識があるとすれば、それはあなたの自己肯定感の低さからきている可能性があります。自分に自信がないから、新しい環境だとうまくいかないのではないか。と思い込んでいる可能性があるのです。これが人間だけに苦手意識（人見知り）が発生するのであれば、それは苦手だというよりも、「安全安心の欲求」（34ページ参照）かもしれません。

これは、他人から嫌なことをされるかもしれないと危険感を持っている、または「快・痛みの原則」（36ページ参照）が、深層心理レベルで発動している可能性があります。「自分の安全安心を求める」「自分が慣れた環境にいたい」と思う快・痛みの原則に基づいているのです。これは人間に対しても同じなのです。知らない人よりも慣れた人のほうが、自分に対して危険を犯す可能性は低いですよね。ですから、新しい人と出会うことによって、あなたの安全安心が脅かされると思っている可能性が高いのです。

本当に思ったとおりの人格でしたか？

第一印象で苦手だった人が、しばらく経って、まったく同じ印象だったことってどれくらいあるでしょうか？　第一印象が苦手だった人が、意外と良い人だったり、その逆で、第一印象が良かったとしても、付き合っていくうちに、底意地の悪い人だったりと、嫌な面が見えてきたりすることはありませんか？

そういうことって少なくありませんよね。なぜならば、第一印象とは、あなたが過去に付き合ってきた人に似ているというフィルターだからです。外見や話し方、仕草などが、過去に会った人と似ていたとしても、人間の本質が、過去の似たタイプの人と同じというわけではありません。ですから、第一印象とはただのフィルターであって、事実ではないのです。第一印象が悪いからといって、その人が悪い人であるということはないのです。

過去に関わった人と同じではありません

過去に関わって、苦手だったからといって、その人が過去に会った人と同じではないのですから、新たな気持ちで、できるだけ先入観のない心の状態で接するのが良いと私は思います。

もう一度いいます。人見知りとは、あなたの過去の人間関係を投影しているだけです。

ですから、初めて会った人に対して、真っ新な気持ちでその人と関わってみてください。

フィルターのところ（69ページ）でもいいましたが、フィルターは掛け替えができます。

人見知りで人と関わることが嫌いだとしたら「その人はあなたを攻撃するとは限らない」と思ってみてください。そのために必要なことは、初対面の人を無色透明な目で見る、余計な価値観というフィルターを通さないことに慣れるということです。

怒りっぽい性格を直したい

受け流すことができれば怒りは薄まる

まず、性格と感情について説明します。穏やかな性格の方は基本的に優しい感情を持ちがちです。反対に攻撃的な性格の方は基本的に怒りっぽい感情を持ちがちです。感情とはその人の性格に左右されやすいのです。もちろん、その場の感情に支配されてしまうこともありますが、その人の根っこといえるのが基本的な性格です。怒りっぽい性格の人は、怒りの感情に支配されてしまうことが多いので、それが根っことなって、自分にも、他人にも、世の中すべてに怒りっぽくなってしまうのです。

第2章の価値観のところ（63ページ）で、フィルターの説明をしましたが、それに追加して説明しますと、「自分を感じるフィルターと、他人を感じるフィルターは同じになりがち」なのです。価値観というフィルターは、その人の感じるすべてに等しく掛かってしまいます。怒りっぽい人は、他人にも、自分にも、世の中すべてに対して、怒りの感情や、不平不満をぶつけてしまうのです。怒りの本質とは、性格の根っこにある「攻撃的な性格」からくる、怒りの感情が多いのです。

ある人物に対する怒りがある場合、怒りの根源を考えてみると良いと思います。あなたが思い描いた理想とかけ離れているから、怒りが起きるのが原則です。ですが、相手が、最大限の努力をしていたとします。それでも、あなたに怒りの感情が起きるような行動しかできないとしたら、あなたはどう思いますか？　確かに腹が立つかもしれませんが、相手は最大限の努力をしているのです。そんなときは、相手に対して、怒りの感情を持つよりも、「あーそうなんだな」と思って、心の中で流してあげることを試みてください。それができるようになれば、怒りの感情も薄まり、心が穏やかになるかもしれません。

怒りから生まれる建設的なものもある

時に怒りの感情は、バネになって、自分が新たなる行動を始めるきっかけになることもあります。怒りの感情に心を囚われているだけでは、建設的な意見や行動はできませんが、その感情を乗り越えたときに、あなたは人間的な成長を遂げて、その怒りの感情から学ぶこともあるでしょう。自分に対する怒りならば、自分のわがままに気付くことだったり、他人の意見を尊重することが学べたり、他人に対する怒りだったら、自分と違う意見を聞くことができたり、その人の本音がわかったりです。

怒りの感情を許すというのは、相手のためではありません。あなたの心を楽にするために許すのです。もし、どうしても許せない相手であれば、素直にぶつけてみるのが良いかもしれません。うわべだけの付き合いをしても、そこに本当の関係は生まれません。たとえ一時はぶつかったとしても、相手に自分の気持ちをさらけ出してみてください。

もしそれで、相手との関係がこじれ、疎遠になったとしても、あなたとその方は、それまでの関係だったということです。仮にそうなったとしても、そこで一つの心の区切りがつくれます。そうすることによってあなたは次の段階に進むことができるのです。

コントロールできれば、怒りは味方になってくれる

そもそも怒りをどうやってコントロールするのか。これは「焦点化の原則」（43ページ参照）を使います。怒りの感情が湧き起こったら、軽く目をつぶり、深呼吸をしてみましょう。そして「吸っている、はいている」と、呼吸に意識を向けてください。ただ、怒りに心を捉えられているので、深呼吸に意識を向けることが難しいかもしれません。そんなときは、深呼吸をしながら胸に手を当ててみましょう。深呼吸をしている胸がふくらんだり、しぼんだりする動きを手のひらで感じてください。深層心理は呼吸に焦点が当たっているので、他の感情をあなたの頭から押し出してくれます。

このように怒りをコントロールできれば、怒りの感情を自分の成長につなげることができ、あなたの人生において、強力な味方になってくれるはずです。

節約のために物欲をどうにかしたい

欲望の裏にある本当の理由とは？

すべての欲望には、その裏側に本当の目的というものがあります。本当の目的というのは、1章の「脳と人間の行動の結びつき」(50ページ参照)でも説明した「本能を超える意思」のことです。何かをやりたい、もしくは何かをやりたくない、という願いがあったとして、そのことを実現できるかどうかは、本能を超えた意志の力によります。その力はとても強く、深層心理に存在しています。あなたが思っていることと、本能を超えた意思が、同じ方向を向いているならば、その願いが叶いやすくなるのです。

物欲というのは、ある種の依存につながっている場合が多く、基本的に「安全安心の欲求」（34ページ参照）に基づいています。買い物依存症の裏にある安全安心の欲求が何に当たるかといえば、「物が足りないと不便だし、不安だ」ということです。

依存から脱するのは、
本能を越えた意思をコントロールすること

依存状態から脱出するには、そもそも依存した理由というか、原因を考えなければいけません。なぜ極度に物を欲しがるのか、ということです。今回のお悩みでは、「なぜ極度に買い物をしてしまうのか、そしてなぜそれを止められないのか」に当たります。買い物依存症の場合、現象として二つのことが考えられます。一つは、お金を使うことに快感を得る場合です。もう一つは、物を集めることに執着している場合です。

お金を使うことに対する快感は、ある種の束縛からの解放の現れです。現在の社会生活ではお金を使うことにより、何らかの物や、何らかのサービスを得ることができます。物やサービスを得るために使うお金ですが、度が過ぎるとお金を使う行為が快感に変わってしまうのです。快感を得るということは、安全安心の欲求にかなっています。常に快楽を求めたいという、「快・痛みの原則」（36ページ参照）に基づいた行動といえるのです。

もう一つの、物に対する執着の場合ですが、日本人はコレクター気質が高い民族性だといわれています。その根本にあるのは、日本が災害国家だということも原因の一つと考えられています。ですから、常に必要なものが必要な数以上に備蓄しておきたいのです。ですが、度が過ぎると物に溢れていないと不安を感じてしまうという依存症に発展します。

あなたの買い物依存が、どちらの原因だとしても「本能を越える意思」の存在があるので、それを満たしてあげることが大切になってきます。

自分に「なぜ買い物をし過ぎるのか？」と質問をする

そのために必要なのは、自分に対する質問です。「買い物をすると何が得られるのか？」と自問自答すると、「〇〇（例：ファッションのバリエーションが増えること）が得られる」と答えが出てきます。次は「〇〇（例：ファッションのバリエーションが増えること）が得られるとどうなりますか？」と質問してください。「△△（例：楽しみが増えること）になります」

という答えが出てきます。次は「△△（例：楽しみが増えること）が得られるとどうなりますか？」と質問します。

これを繰り返して、ここが自分の欲求の底だと思うところまで行ったときに、深層心理が求める本当の対象となります。このときに気をつけることは、文章として出てくるのではなくて、単語として出てくるものが望ましいです。「服が増えて組み合わせが楽しくなる」のような答えだと、深層心理ではなくて、まだ顕在意識レベルでの言葉になっている可能性が高いのです。

欲求の底まで掘り下げが終わったら、今度はその欲求を満たす別の手段がないかを考えます。例えば、掘り下げて行った先が「安心」だとすると、「安心」を満たすために必要なものが他にあるのかどうかです。買い物することとの、本能を越える意思が「安心」だとしたら、買い物でなくても、他の手段で「安心」を満たすことができると思います。もしかすると、誰かとの心の交流で安心を得ることを得られるかもしれません。そのときに初めて依存症から脱却することができるのです。

人に必要とされる人になりたい

根底にあるのは安全安心と承認欲求

人に必要とされたい欲求の根底には「誰かに貢献したい」という願望が隠れています。これは「安全安心の欲求」（34ページ参照）で説明できるのですが、簡単にまとめますと、会社や家庭などで貢献していれば、他人から攻撃を受けないだろうと深層心理で理解しているからなのです。だから、人に貢献をして必要だと思われたいのです。

この欲求を過度に必要としたいと思う方では、自分自身に価値を感じていない場合と、反対に高すぎる価値を持っている場合があります。自分に価値がないと思っている場合は、その劣等感を埋めるために誰かに自分の価値を認めて欲しい、必要とされたい、と思ってしまうのです。その反対の自分の価値を高く持っている場合では「こんなに優れている自分を、なぜ必要としないのだろう?」という心理が働きます。これは優等感が原因だと思われます。

あなたは安心して良いのです

「必要だと思われたい」原因については以上ですが、ではそれをどう緩和させるのでしょうか。

あなたは、誰かに貢献しなければ、あなたの安全や安心は脅かされますか? そんなことはないでしょう。認めてもらわなかったら自分の身が危険ですか? そんなこともないですよね。必要以上に貢献する必要もなければ、過剰な劣等感も、過ぎた優等感も、共に持つ必要はないのです。

あなたは、あなた独自の素晴らしい価値をすでに持っているのです。それは、誰かに貢献することなどで、認めてもらうという類のものではありません。あなたが存在するだけで素晴らしいという価値なのです。そのことがわかっていれば、それだけで十分なのです。

自分の価値は自分で決めるようにしよう

あなたは存在するだけで素晴らしいのですが、自分の価値がわかりやすいほうが、素晴らしいと思いやすいですよね。価値の見つけ方ですが、人間とは突き詰めると、他人から必要とされ、そしてその必要とされたことに応え、相手を満足させることで自分自身の価値を感じる人と、自分自身で自分の価値を見つけられる人に分かれます。

他人から認められることで自分の価値を決める人は、他人に振り回される人生を送ります。それに比べて、自分自身で自分の価値を決める人は、他人に振り回されない人生を送れるのです。このことに気付けば「必要とされたい」という気持ちを持たなくて済みます。自分の価値を高めることは、あなたの心が軽くなる12のルールにある「人は常に最善を尽くしている」（208ページ参照）ということを理解してください。

あなたは、常に最善を尽くしています。そして、今そこに存在しています。だから、あなたは今そこにいるだけで最高の状態なのです。「必要と思われる」必要もなければ、自己重要感を上げる必要もないのです。

ＮＬＰはとても奥が深くて、表面的な理解はできたとしても、体感することは時間がかかります。そこで、ＮＬＰには理解しやすくなるコツといいますか、12の考え方がありますので、この12項目をすべて覚える必要はありません。あなたの心に届いたものだけで大丈夫ですので、それを御守り代りに持っていてください。きっと、あなたの悩みや不安を解消するのに役に立ってくれるはずです。

ルールその１　地図は領土ではない

あなたと、誰かの意見が一致しないとき、あなたが感じていることが、唯一の正解ではないのです。他の人から見たら、あなたが感じていることが、不正解だと感じてしまうこともあります。なぜならば、人はそれぞれに、自分だけの正解があっても良いからです。

むしろ、他人と自分の正解が一致するほうが稀なのです。ですから、あなたの正解は、あなたというフィルターを通った感じ方で、「あなたオリジナルの地図」を手にしているといった感じです。地球上に領土は一つしかありませんが、それを表す地図は様々な縮尺方法や、倍率があるように、事実は一つでも、それを捉える感じ方は、人によって違うのです。そのことを理解していれば、余計な争い事は避けられるでしょう。

ルールその2　人は常に最善を尽くしている

待ち合わせをしても必ず遅れてくる人っていますよね。仕事を頼んでも、いわれたとおりにできない人もいます。そんなとき、あなたはイライラしませんか？　たしかに、約束を守らないのはいけないことですが、もしその人が、最善の努力をして、それでも時間に遅れたり、いわれたとおりのことができなかったとしたら、あなたは怒りますでしょうか。怒っても仕方がないと思いませんか。

その人は最善の努力の結果が、遅刻をすることだったり、いわれたとおりにすることができないのです。それが良いことだとはいいませんが、人は常に最善を尽くして、今の結果しか選べないとNLPでは考えています。誰かが、何かミスをしたとき、その人は最善の努力の結果、それしか選べなかったのだと思ってください。そうすれば、怒りの感情は薄まってくるかと思います。

ルールその3　他人の世界地図を尊重する

友好的なコミュニケーションを行いと思ったら、自分の主張ばかりするのではなくて、相手が思い描いていることをイメージして、そのイメージに寄り添いましょう。そして、あなたがイメージしていることと相手がイメージしていることと擦り合わせをするのが大切です。

ルールその4　相手から受け取った反応がコミュニケーションの成果

あなたがコミュニケーションをとった相手の反応が、どのような結果であったとしても、またその反応があなたの思惑と違ったとしても、その反応こそが、相手の望んだコミュニケーションなのです。あなたが相手に対して、込めた想いがあったとして、その想いに対する反応が相手から返ってこなかったら、あなたが行ったコミュニケーションは失敗なのです。

ルールその5
物事の事実ではなく
イメージを変えるほうが効果的

何か問題があったときに、その問題の事実を変えるよりも、問題だと思った事実にまつわるイメージを変えるほうが楽であり、そして効率的なのです。人は事実そのものに反応するのではなく、事実にまつわるイメージに対して多く反応します。ですから、何事かトラブルがあったときは、その事実に捉われるのではなく、事実に基づいているイメージを変えるれば問題は軽くなるのです。

ルールその6
人は変化に必要なリソースを
すでに持っている

あなたが今、何か問題があって、それを克服しなければいけない局面になったとします。とても困った状況ですが、実は、それを克服するために必要な物、人、事などはすでに手に入れているのです。ただ、通常の精神状態では、そのことに気がついていません。深層心理が優位の状態になったときに必要な事柄に気がつきます。

難しい局面であればあるほど、一旦引いた目で見てください。客観的に自分を見るということになります。多分、あなたに必要なものは、すべて揃っていることに気がつくでしょう。そのことが大切です。

ルールその7
誰かにできることならあなたにもできる、後はやり方を知るだけ

例えば、100メートルを10秒フラットで走りたいとか、野球のボールを160キロで投げたいとか、高い身体能力がないと難しいですが、誰にでもできることもたくさんあります。人前で堂々と喋るとか、営業成績でトップをとるとか、それらは身体能力がなくてもできることなので、誰にでもできることなのです。大切なのは、そのやり方を聞いて真似することです。真似のやり方は、モデリング（153ページ）で説明していますので参考にしてください。

　楽しいことがあったら、楽しい表情になります。逆に悲しいことがあったら、悲しい表情になります。私はカメラマンとして、被写体の方が望んでいる表情を作りますが、そのときに、表面的に作るのではなく、深層心理から湧き上がってくる表情を作り出します。それは、心の在り方が身体の反応に現れるということを知っているからです。これは感情が、表情を変えるだけでなく、反対に身体の状態が、心の在り方を変えてくれるのです。

　上を向いて悲しいことを思い出そうとすると、思い出しにくくて、下を向いて悲しいことを思い出そうとすると、思い出しやすいです。これは上を向いているときは、楽しい感情のときだと深層心理が覚えているからです。逆に下を向いているときは悲しいときだと深層心理が覚えているので、身体の形で心がコントロールされてしまいます。空元気で笑っていると、いつの間にか楽しい感情になって、本当に笑ってしまいます。このことこそが、心と体は一つのシステムだということなのです。

動物は基本的に変化を望みません。自ら変化を求めるのは、人間だけです。それこそが人間らしいともいえますが、動物の本能としては、できるだけ変化をしたくないのです。ですが、社会生活を送っていると、そうもいっていられません。何かを選ばなければいけない局面は結構多くあります。

大きな局面といったら、仕事を選ばなければいけないとか、小さな局面なら、今晩のご飯を何にするかです。大小に関わらず、選ばなければいけないのであれば、何を選択しないよりも、何かを選択してください。その結果がどうなるかは、選択の時点ではわかりません。それで良いのです。何かを選択することで、あなたの人生は変化をします。選択しないということは、問題を先送りするということです。私の経験では、問題を先送りして良い結果になったことはほとんどありません。良いか悪いかは別にしても、先送りしないで、問題に立ち向かったほうが、のちのち良い結果になることが多いのです。

失敗はない、フィードバックがあるだけ

失敗とはどういうものでしょうか？　多くの定義では「思惑が外れること」という感じでしょう。当初に思い描いた結果が手に入らなかったら失敗というのが、一般的な考えだと思いますが、私の中で失敗とは何かといえば、「挑戦することを止めること」です。思惑と違った結果が出たとしたら、それは失敗ではなく、一つのフィードバックを得たと考えます。

天才発明家のエジソンは、電球を発明するとき、数千回も失敗したというのは有名な話です。記者から「何回失敗したら気がすむんだ」といわれたときには、エジソンは「失敗はしていない、うまくいかない方法を一つ手に入れたんだ」といっています。彼のように失敗を恐れないということはすごく難しいですが、あなたもそこは開き直って、成功に近づくためのプロセスを歩んでいるのだと思って、どんどん失敗すれば良いのです。「失敗は成功のもと」です。

ルールその11

「問題」「制限」とは、機会である

何も制限がなかったら、あなたはスムーズにやり遂げられますか？　例えば、子供の頃の夏休みの宿題では、夏休みに入ってすぐにやり遂げられる方もいますし、夏休みの終盤になって、親に叱られて、泣きながら宿題に手をつけた方もいるかと思います。

この例では、「夏休み」という制限があるから、膨大な宿題と向き合うことができているのかもしれません。問題や制限は、あなたに与えられたチャンスなのです。あなたが何かを成し遂げるために、あなたのお尻を叩いてくれる、ありがたいチャンスだと思って、全力でそのことと向き合って、解決してみてください。

ルールその12

すべての行動には肯定的な意図があり、役に立つ場面がある

何か、ネガティブな行動をしていたとしても、その根底には、肯定的な意図がありま す。例えば、喫煙習慣があるとします。体に悪影響がありますし、お金もかかりますが、

喫煙することで安心感を得ているかも知れません。また仕事上、喫煙所で構築した人間関係があった場合は、喫煙所でまた新しい人間関係を構築できるかも知れないという肯定的な意図があるのです。

どのような行動でも、いずれ、役に立つ局面が必ずやってきます。それがいつくるかはわかりませんが、何一つ役に立たないことは、あなたの人生において存在しないのです。

どうですか？　何も難しいことはなかったと思います。あなたが人生に悩んだとき、またそれほど大きなものでなくても、この12のルールの一つでも思い出して実践してみたり、考え方を変えてみたら、きっと悩みはスーッと消えていくでしょう。もちろん、1章から4章の考え方も理解することで、より効果的になります。

以上、この本を読んで、あなたの悩みや不安が少しでも解消されることを祈っております。

はじめての書籍で、右も左も解らない私に、常に寄り添い、励まし、アドバイスをくださいました、編集者の藤本さん。同じ様に僕に叱咤激励をくれた、小説家の喜多嶋隆先生。心が折れそうになった時、励ましてくれた、喜多嶋隆のもの書き講座のメンバー。僕にＮＬＰへと導いてくれた、ＮＬＰトレーナーの木下山多さん。ふたつぶの福田さんと、セルフメディアのメンバーの皆さん。そしてなにより、この本を手に取ってくださいました、あなたに限りない感謝を述べさせてください。

２０２０年9月　井上慎介

企画・構成　井上慎介
ブックデザイン　小口翔平+喜來詩織+加瀬梓(tobufune)
編集長　山口康夫
担当編集　藤本卓英

ストレスや不安に打ち勝つ
最強のメンタルをつくる
脳の取扱説明書

2020年11月11日　初版第1刷発行

著者　井上慎介
発行人　山口康夫
発行　株式会社エムディエヌコーポレーション
〒101-0051東京都千代田区神田神保町一丁目105番地
https://books.MdN.co.jp/
発売　株式会社インプレス
〒101-0051東京都千代田区神田神保町一丁目105番地
印刷・製本　中央精版印刷株式会社

Printed in Japan

【カスタマーセンター】

造本には万全を期しておりますが、万一、落丁・乱丁などがございましたら、送料小社負担にてお取り替えいたします。お手数ですが、カスタマーセンターまでご返送ください。

◎落丁・乱丁本などのご返送先
〒101-0051　東京都千代田区神田神保町一丁目105番地
株式会社エムディエヌコーポレーション カスタマーセンター
TEL:03-4334-2915
◎内容に関するお問い合わせ先
info@MdN.co.jp
◎書店・販売店のご注文受付
株式会社インプレス　受注センター
TEL:048-449-8040／FAX:048-449-8041

ISBN978-4-8443-6997-4 C0011